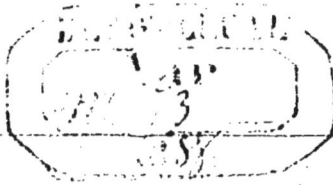

LE RÉGÉNÉRATEUR

DE

NOTRE HUMANITÉ TERRESTRE

AVEC UN

COMPLÉMENT

Par AGUSTIN BABIN

(AMI TOUT DÉVOUÉ DE NOTRE HUMANITÉ TERRESTRE)

Tout annonce d'un DIEU l'éternelle existence,
On ne peut Le comprendre, on ne peut l'ignorer ;
La vue de l'univers nous montre sa Puissance,
Et la voix de nos cœurs dit qu'il faut l'adorer.

A. B.

NOUVELLE ÉDITION

DRAGUIGNAN

Édité par l'Auteur

Hôtel Continental, Boulevard de l'Esplanade, 46

1888

(FAIT PARTIE DU DOMAINE PUBLIC)

IMPRIMERIE C. ET A. LATIL, BOULEVARD DE L'ESPLANADE, 4

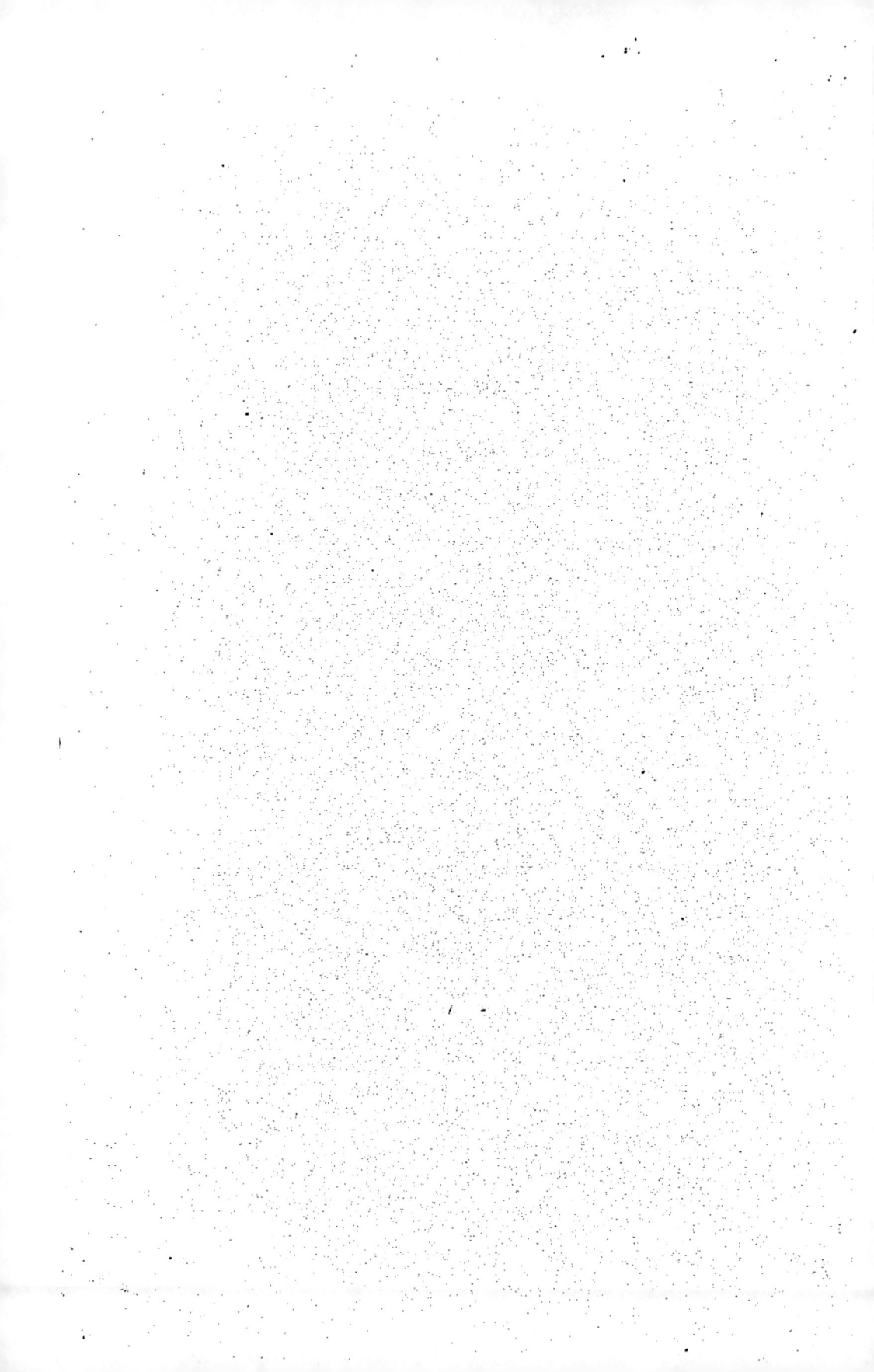

DÉDICACE

Cet écrit *très moral*, puis *régénérateur*,
A l'instruction publique, est dédié, cher Lecteur ;
Il est, par conséquent, *mis sous la protection*
De tous les Directeurs et les Chefs d'Instruction.

A. B.

LE
RÉGÉNÉRATEUR

DON AFFECTUEUX
FAIT PAR
L'AUTEUR SOUSSIGNÉ
Augustin BABIN

CATALOGUE GÉNÉRAL

DES

OUVRAGES DE L'AUTEUR

dont l'Imprimerie de la rue du Bac, 83, Paris, possède tous les clichés

Guide du Bonheur, 1 vol. in-18 (jésus), broché........ 1 60

Philosophie spirite, 1 vol. in-18 (jésus), broché....... 2 00

Notions d'Astronomie, etc. 1 vol. in-18 (jésus), broché. 2 00

Trilogie spirite, comprenant les trois volumes précédents, 1 fort vol. in-18 (jésus), broché............ 5 00

Véritable catéchisme universel, 1 vol. in-18 (jésus), broché. 1 50

Encyclopédie morale, 1 fort vol. in-32 broché........ 1 70

Guide de la sagesse, 1 vol. in-18 (jésus), broché....... 1 70

Poème psychologique, 1 vol. in-18 (jésus), broché..... 1 00

Poème astronomique, 1 vol. in-18 (jésus), broché..... 1 40

Trilogie morale, comprenant les trois volumes précédents, 1 vol. in-18 (jésus), broché................. 3 50

Les deux Antipodes, brochure in-18 (jésus) de 36 pages, plus une couverture. Brochée.................... 0 50

Etc., etc.

VOLUMES N'AYANT PAS DE CLICHÉ

Almanach régénérateur (1880) de 118 p.

L'Ami du voyageur (1883) de 110 p.

Notice Biographique (1884) de 115 p.

Notre Correspondance, etc. (1885) de 68 p.

Les deux Républiques de Victor Hugo (1885) de 12 p.

Notre procès contre MM. Fontana et Cie, imprimeurs à Alger, 27, rue d'Orléans (1888) de 96 pages.

(Tous ces volumes font partie du Domaine Public)

LE RÉGÉNÉRATEUR

DE

NOTRE HUMANITÉ TERRESTRE

AVEC UN

COMPLÉMENT

Par AGUSTIN BABIN

(AMI TOUT DÉVOUÉ DE NOTRE HUMANITÉ TERRESTRE)

Tout annonce d'un DIEU l'éternelle existence,
On ne peut Le comprendre, on ne peut l'ignorer ;
La vue de l'univers nous montre sa Puissance,
Et la voix de nos cœurs dit qu'il faut l'*adorer*.

A. B.

NOUVELLE ÉDITION

DRAGUIGNAN

Édité par l'Auteur

Hôtel Continental, Boulevard de l'Esplanade, 46

1888

(FAIT PARTIE DU DOMAINE PUBLIC)

IMPRIMERIE C. ET A. LATIL, BOULEVARD DE L'ESPLANADE, 4

NOMS DES VILLES

POSSÉDANT

la Collection générale de tous nos écrits

PARIS ; B. Nationale ; Mazarine ; de l'Université ; de Sainte-Géneviève ; 3me, 7me, 8me, 9me, 15me, 16me, 18me et 19me arrondissements de Paris.

1. LAON (Aisne).
1. MOULINS (Allier).
1. NICE (Alpes-Maritim.)
2. TROYES (Aube).
1. RODEZ (Aveyron).
1. MARSEILLE (B.-du-R.)
1. ANGOULÊME (Charente)
1. SAINTES(Charente-Inf.)
2. St-AMAND-MONT-ROND (Cher).
1. TULLE (Corrèze).
3. AJACCIO (Corse).
1. DIJON (Côte-d'Or).
1. St-BRIEUC (C.-du-N.)
1. PÉRIGUEUX (Dordogne)
1. BESANÇON (Doubs).
1. PONTARLIER (Doubs).
1. VALENCE (Drôme).
1. EVREUX (Eure).
1. CHARTRES (Eure-et-L.)
3. MORLAIX (Finistère).
1. NIMES (Gard).
1. TOULOUSE (Hte-Garne)
2. BORDEAUX (Gironde).
1. MONTPELLIER (Hérault)
1. RENNES (Ile-et-Vilaine)
1. CHATEAUROUX (Indre).
1. TOURS (Indre-et-Loire)
1. GRENOBLE (Isère).

2. LONS-LE-SAULNIER (Jura).
2. DAX (Landes).
2. ROANNE (Loire).
1. PUY (Haute-Loire).
1. NANTES (Loire-Inférre)
2. ORLÉANS (Loiret).
2. AGEN (Lot-et-Garonne).
1. ANGERS (Maine-et-L.)
1. GRANVILLE (Manche).
1. CHAUMONT(Haute-Mar)
2. NANCY (M.-et-M.)
3. NEVERS (Nièvre).
2. 3. LILLE (Nord).
2. VALENCIENNES (Nord).
1. BEAUVAIS (Oise).
1. ARRAS (Pas-de-Calais).
1. CLERMONT (Puy-de-D.)
2. PAU (Basses-Pyrénées)
1. BAYONNE (Basses-Pyr)
2. TARBES (Hautes-Pyr.)
2. PERPIGNAN (Pyr.-Ori.)
1. LYON (Rhône).
2. CROIX-ROUSSE à Lyon
2. GUILLOTIÈRE à Lyon.
1. MANS (Sarthe).
1. ROUEN (Seine Infér.)
1. HAVRE (Seine Infér)
2. MELUN (Seine-et-Mar)

2. VERSAILLES (S.-et-O.)
2. NIORT (Deux-Sèvres).
2. AMIENS (Somme).
2. MAZAMET (Tarn).
2. TOULON (Var).
1. AVIGNON (Vaucluse).
2. FONTENAY-LE-COMTE(V)
1. POITIERS (Vienne).
1. LIMOGES (Haute-Vien.)
2. AUXERRE (Yonne).

ALGÉRIE

—

ALGER : B. Nationale et Municipale.
1. ORAN (Algérie).
1. CONSTANTINE (Algérie)

FIN

SIGNES ABRÉVIATIFS

—

1. B. Publique.
2. B. Populaire.
3. B. Communale.

A B.

AVIS DE L'AUTEUR.

Le but que nous nous sommes proposé en faisant paraître, dans le cours de l'année 1887, la première édition de cet écrit, appelé le régénérateur (1), et que nous nous proposons en faisant paraître, cette année 1888, cette nouvelle édition corrigée et augmentée, a essentiellement rapport a l'instruction psycologique et absolument morale de notre société actuelle ; que les religions plus ou moins officielles ont par trop, hélas ! par des enseignements irrationnels et blasphématoires, poussé vers l'athéisme.

(1) Appelant notre écrit le *régénérateur*,
Nous ferons, sensément, remarquer au lecteur,
Que ce titre est vraiment celui qui lui convient,
Très positivement ; du moment qu'il contient :
Du pur spiritisme les principes sublimes ;
Puis trois innovations dignes de toute estime ;
Y compris un Bréviaire ou livre de prières,
Très important pour la société tout entière ;
De plus, enfin, comprend de très belles maximes
Suivies de proverbes, les deux vraiment sublimes.
                                    A. B.

Pour en avoir la preuve convaincante, il suffit de rap-
peler que, dans nos deux Chambres (Chambre législative
et Sénat), en mars 1882, un Député et un Sénateur, l'un
et l'autre montés à la tribune, ont eu le faux courage de
prononcer ces tristes et regrettables paroles : « Je me fais
honneur de faire partie de ceux qui se disent athées » ;
paroles d'autant plus tristes et regrettables, qu'elles ont
eu un retentissement des plus fâcheux, sur tout notre
globe terrestre; faisant passer (contrairement à la vérité)
notre bien aimée FRANCE, *pour une Nation entièrement*
dépourvue de tout sentiment religieux.

D'après cela, nous ferons remarquer, ici, que c'est
uniquement *l'intérêt moral de notre humanité terrestre*
qui nous engage à faire paraître cette nouvelle édition
modifiée et très augmentée et qui nous engagera, lors de
son apparition, à l'adresser (gratuitement et franco) à
tous les Établissements d'Instruction publique et privée,
soit religieux ou laïques. Tels sont, par exemple, les
grands et petits Séminaires *de notre belle* FRANCE; *ainsi*
que tous ses Lycées, Collèges communaux, Écoles nor-
males *d'Instituteurs et d'Institutrices. De plus, encore,*
à tous Messieurs les Membres *du* CONSEIL SUPÉRIEUR
de l'Instruction publique et Messieurs les Recteurs *de*
nos dix-sept Académies françaises, y compris celle de
l'Algérie ; puis, enfin, à deux-cent-vingt Bibliothèques
publiques ou populaires, etc.

Seulement, nos moyens pécuniaires ne nous permettant
pas de pouvoir faire, à chaque Établissement des envois
de plusieurs exemplaires (comme de cœur et d'âme nous

voudrions pouvoir le faire); c'est pourquoi, nous aban-
donnons notre présent écrit au domaine public, avec la
douce espérance que, parmi Messieurs les Éditeurs, il
s'en trouvera quelques uns assez dévoués aux intérêts
spirituels et moraux de notre humanité terrestre, pour
vouloir bien l'éditer et en faire paraître de nouvelles édi-
tions; tout en se réservant un bénéfice avantageux, pécuniairement parlant. Cet acte, de leur part (qu'ils en
soient persuadés), ne pourra que leur être des plus avantageux dans la vie spirituelle future dont tous, sans
exception, nous devons jouir au sortir de cette vie d'expiation et d'épreuves pour nous tous.

Sans aucun doute, nous devons tous comprendre que
la vie spirituelle qui nous attend après celle-ci, sera
d'autant plus heureuse pour chacun de nous, que nous
nous serons rendus plus utiles, durant notre vie actuelle,
à la société tout entière. Pour cela, forcément il nous
faut accomplir le devoir obligatoire qui nous est formel-
lement imposé par DIEU, dans le but de faciliter son
amélioration psycologique et morale, la plus importante de toutes. Ce que nous disons là, est tellement ra-
tionel et conforme au plus simple bon sens, que nous
aimons à espérer (nous le répétons) que quelques uns de
Messieurs les éditeurs comprendront qu'en nous aidant
à propager le présent écrit, ils feront une action des plus
louables et des plus avantageuses, en même temps, pour
leur avenir spirituel...

En outre de cet appel que nous faisons à Messieurs
les éditeurs français (voir même étrangers, toute repro-

duction de cet écrit étant autorisée, en quelque langue que ce soit), nous nous permettons, également, de supplier Monsieur le Ministre de l'Instruction publique de notre bien aimée FRANCE, *de vouloir bien, dans le pur intérêt psychologique et moral de notre chère et bien aimée jeunesse française, recommander l'introduction de notre présent écrit, dans les Établissements publics sus-désignés, soit comme enseignement ou bien comme prix, lors de la distribution annuelle des prix, dans les susdits Établissements.*

Notre écrit faisant partie du domaine public, une telle demande faite par nous, dans l'unique intérêt psychologique et moral de notre chère et bien aimée jeunesse française (nous le répétons) est, par conséquent, on ne peut plus désintéressée de notre part; tandis que, positivement, pour Messieurs les éditeurs qui nous ferons l'honneur d'éditer notre présent écrit, ce sera pour eux, un débouché des plus avantageux, pécuniairement parlant.

AUGUSTIN BABIN.

UNITÉ DIVINE.

L'*unité divine* étant la seule croyance que toute Créature humaine, un peu sensée (spirituellement parlant), doit accepter ; nous allons donner, ici, connaissance à tous nos Lecteurs du petit poème suivant, lequel fait comprendre l'opinion qu'on doit rationnellement se faire de la DIVINITÉ.

PETIT POÈME DE LEBRUN.

N'invente point ton DIEU, vain mortel, vil atóme !
Cesse de te créer un auguste fantóme !
Cesse de concevoir une triple unité
Et de donner la mort à la DIVINITÉ.
Tu te fais un dédale où ta raison s'égare.
De cet ÈTRE infini, l'infini te sépare.
Du char glacé de l'Ours aux feux de Sirius
Il règne ; il règne encore où les cieux ne sont plus.
Dans ce gouffre sacré quel mortel peut descendre ?
L'immensité l'adore et ne peut le comprendre ;
Et toi, songe de l'Ètre, atóme d'un instant,
Égaré dans les airs sur ce globe flottant,
Des mondes et des cieux spectateur invisible,
Ton orgueil pense atteindre à l'ÈTRE inaccessible ?

Quant à l'*union* de l'Esprit avec le corps purement matériel, et puis, ensuite, son *dégagement* du susdit corps, nous allons essayer de faire comprendre à nos Lecteurs comment doivent se produire ces deux faits psychologiques.

Union de l'âme et de son périsprit avec le corps purement matériel.

L'union de l'âme et de son périsprit ou de l'Esprit (ce qui revient au même) avec le corps purement matériel est ce qui constitue *l'incarnation*, que nous pouvons définir ainsi : lorsque l'Esprit doit s'incarner dans le corps humain purement matériel en voie de formation, un lien fluidique, qui n'est autre qu'une expansion de son périsprit, le rattache au germe vers lequel il se trouve attiré par une force irrésistible, dès le commencement de la conception. A mesure que le germe se développe, le lien se resserre sous l'influence du *principe vital matériel du germe.* Reconnaissons ici que le périsprit, qui possède certaines propriétés de la matière, s'unit *molécule à molécule* avec le corps purement matériel qui se forme (1); d'où l'on peut dire que l'Esprit, par

---

(1) Ce genre d'union peut facilement faire comprendre comment le périsprit, que l'âme emporte avec elle aussitôt la mort du corps matériel, peut conserver la forme humaine, en servant de corps spirituel pour l'Être désincarné ou Esprit. Ce que nous disons là, a d'autant plus sa raison d'être, que tous nous en avons la plupart de nos nuits, durant notre sommeil matériel, des preuves absolument convaincantes ..

l'intermédiaire de son périsprit, prend en quelque sorte *racine* dans ce germe, comme la plante dans la terre. Quand le germe est entièrement développé, l'union est complète et alors ledit Esprit naît à la vie extérieure, autrement dit fait partie d'une humanité terrestre.

Dégagement de l'âme et de son périsprit à la mort du corps purement matériel.

Lorsque le corps purement matériel meurt et, par conséquent, ne peut plus fonctionner, il subit la destruction qui, par la suite, le réduit en poussière. Au moment même de la mort du corps purement matériel, l'âme se dégage aussitôt, emportant avec elle la très grande partie de son périsprit, destinée à lui former son corps spirituel. Quant au dégagement de la *partie complémentaire de son périsprit*, il peut se faire en différentes conditions. Ainsi, par exemple, il peut se faire quelques minutes seulement après la mort du corps purement matériel, comme il peut exiger un temps plus ou moins long pour se produire; cela dépend de la vie plus ou moins matérielle et sensuelle que l'Esprit a eu pendant sa vie humaine et aussi de son genre de mort matérielle. Or, chez beaucoup d'individus matériels et sensuels, de même que chez quelques suicidés, ce dégagement complémentaire doit se faire avec une très grande lenteur et être, en même temps, très pénible pour l'Esprit qui, dans ce cas, peut éprouver l'horreur de la décomposition, tant que la partie complémentaire de son périsprit n'est pas complètement dégagée du corps mort ; ce qui peut exiger des jours, des mois et même des années pour les plus coupables...

Pour les Esprits non coupables et spiritualistes, le dégagement total peut se produire dans quelques minutes ou quelques heures, au plus.

NOTA.—Une remarque importante est à faire ici : c'est que la *culpabilité* consiste à rechercher (uniquement pour elles-mêmes) les jouisances purement sensuelles, contrairement au *but providentiel* que la DIVINITÉ nous a imposé à tous en recherchant ces dites jouissances ; *but providentiel* absolument obligatoire pour l'entretien de notre humanité terrestr·

Concernant les plus coupables il sont tous *ceux* (mariés ou non mariés, mais principalement les premiers) qui abusent de la confiance d'une jeune fille, en lui faisant des promesses qu'ils n'ont aucunement l'intention de tenir et qui, ensuite, l'abandonne avec un ou plusieurs enfants. Ceux-là, amis Lecteurs, sont vraiment à plaindre et font réellement pitié ; car ils auront à subir, après leur mort purement matérielle, les souffrances horribles sus-désignées, y compris les énormes souffrances morales qu'il leur faudra subir tout le temps qu'ils seront dans le monde des Esprits ; de plus, encore, il leur faudra, dans leur future incarnation, subir également les mêmes souffrances humaines, qu'ils auront eux-mêmes fait souffrir à autrui...

A. B.

AVERTISSEMENT.

Cet *avertissement* a pour but de faire connaître que , généralement , l'on se fait des Esprits une idée complètement fausse ; ce ne sont pas, comme beaucoup de personnes se le figurent, des Êtres abstraits , vagues et indéfinis , ni quelque chose comme une lueur , une étincelle ; ce sont, au contraire, des Êtres réels , ayant leur individualité et une forme déterminée, laquelle est celle qu'ils avaient à l'état d'incarné ; leur périsprit conservant la forme de leur corps purement matériel, qu'il a occupé en entier, tout le temps qu'a duré leur dernière incarnation. Certainement, l'on peut s'en faire une idée approximative par l'explication suivante : il y a dans l'Être humain, ou Esprit incarné , trois choses absolument distinctes entre elles, lesquelles sont :

1° Le *corps* purement matériel , lequel est lourd et grossier, et met l'Esprit incarné , où Être humain , en rapport avec le monde extérieur.

2° L'*âme* , qui est le pur principe intelligent en qui réside la *pensée*, la *volonté* et le *sens moral.*

3° Le *périsprit,* dont le corps, purement matériel, est entièrement imprégné et qui sert de lien et d'intermédiaire entre l'âme et ledit corps purement matériel.

Tu prétends lui donner tes ridicules traits ?
Tu veux dans ton DIEU même adorer tes portraits ?..
Ni l'aveugle hasard, ni l'aveugle matière
N'ont pu former mon âme, essence de lumière.
Je pense, et ma pensée atteste plus un DIEU
Que tout le firmament et ses globes de feu.
Voilé de sa splendeur, dans ses gloires profondes,
D'un regard éternel, il enfante les mondes.
Les siècles devant Lui s'écoulent et le temps
N'oserait mesurer un seul de ses instants.
Il est, tout est par Lui, seul ÊTRE illimité,
En Lui tout est *vertu, puissance, éternité.*
Au-delà des soleils, au-delà de l'espace
Il n'est rien qu'il ne voit, il n'est rien qu'il n'embrasse;
Il est Seul du grand tout le principe et la fin,
Et la nature entière respire par ses soins.
Puis-je être malheureux ? Je Lui dois la naissance.
Tout est *bonté* sans doute en qui tout est *puissance.*
Ce DIEU si différent du Dieu que nous formons,
N'a jamais contre l'homme armé de noirs démons,
Il n'a point confié sa vengeance au tonnerre;
Il n'a point dit aux cieux vous instruirez la terre.
Mais de la conscience, il a dicté la voix,
Mais dans le cœur de l'homme il a gravé ses Lois,
Mais il a fait rougir la timide innocence,
Mais il a fait pâlir la coupable licence,
Mais au lieu des enfers, il créa le remords
Et n'éternise point la douleur et la mort.

LEBRUN (*Poème de la nature)*

LE SPIRITISME

à sa plus simple expression

D'APRÈS

L'ENSEIGNEMENT DES ESPRITS SUPÉRIEURS (1)

I.

DIEU est l'intelligence suprême, cause première de toutes choses.

DIEU est *éternel, unique, immatériel, immuable, tout puissant*, souverainement *juste* et *bon*. Il doit être

(1) Ces enseignements ont été obtenus à l'aide de communication médianimiques, obtenues elles-mêmes par un *médium* doué tout spécialement de la faculté de pouvoir communiquer avec les Esprits; faculté, chers Lecteurs, que nous possédons tous, plus ou moins. En effet, que chacun de vous se rappelle ses souvenirs sur ses actes passés et, positivement, il reconnaîtra aussitôt que plusieurs fois dans le passé, il lui est arrivé de faire tout l'opposé de ce qu'il avait, primitivement, l'intention de mettre à exécution. Preuves évidentes que vous avez eu, à ces dites époques, des communications spirituelles, sans en avoir pour ainsi dire conscience;

infini dans toutes ses perfections, car, si l'on supposait imparfait un seul de ses attributs, il ne serait plus DIEU.

2

DIEU a créé la matière qui constitue les mondes (1); il a aussi créé des Êtres intelligents que nous nommons

comme cela nous est arrivé à nous-mêmes un très grand nombre de fois dans le passé de notre existence actuelle. Au surplus, chers Lecteurs, prenez consciencieusement connaissance des *on ne peut plus rationnels et sublimes enseignements* contenus dans cet écrit, et vous verrez qu'ils vous paraîtront tous posséder les qualités sus-désignées et que, de plus, ils vous seront tous des plus sympathiques, tellement leur raison d'être vous paraîtra absolue; pour peu que vous consentiez à écouter votre raison et votre conscience, sans aucuns préjugés quelconques...

(1) En admettant que DIEU, *l'espace* et le *fluide cosmique universel* existent de toute éternité (vérité indiscutable pour toute personne tant soit peu sensée, spirituellement parlant), la création des mondes matériels est facile à comprendre. A cet égard, consulter les pages 217 à 233 de nos *Notions d'astronomie*, édition de 1885; lesquelles pages donnent des *renseignements généraux sur l'origine et la fin des mondes sidéraux en général; sur la partie organique des mondes habités; sur la progression des mondes vers DIEU et la mission des Esprits; le tout terminé par une conclusion.*— Ces renseignements généraux ont été extraits de l'important ouvrage de M. CHARLES RICHARD, intitulé: *Les Lois de DIEU et l'esprit moderne.*

Esprits, chargés d'administrer les mondes matériels ,
d'après les Lois immuables de la création ; lesquels Esprits sont perfectibles par leur nature. En se perfectionnant, ils se rapprochent de la DIVINITÉ.

3

L'Esprit , proprement dit, est le principe intelligent ;
sa nature intime nous est inconnue ; pour nous , il est
immatériel , parce qu'il n'a aucune analogie avec ce que
nous appelons matière.

4

Les Esprits sont des Êtres individuels ; ils ont une
enveloppe éthérée , impondérable , appelée *périsprit* ,
sorte de corps fluidique , type de la forme humaine. Ils
peuplent les espaces , qu'ils parcourent avec la rapidité
de l'éclair , et constituent le monde invisible.

5

L'origine et le mode de création des Esprits nous sont
inconnus ; nous savons seulement qu'ils sont créés *simples et ignorants ,* c'est-à-dire sans science et sans connaissance du bien et du mal , mais avec une égale aptitude pour tout ; car DIEU , dans sa justice , ne pouvait
affranchir les uns du travail qu'il aurait imposé aux
autres , pour arriver à la perfection. Dans le principe,
ils sont dans une sorte d'enfance sans volonté propre ,
et sans conscience parfaite de leur existence.

6

Le libre arbitre se développant chez les Esprits en
même temps que les idées, intuitivement DIEU leur dit:
« Vous pouvez tous prétendre au bonheur suprême,
lorsque vous aurez acquis les connaissances qui vous
manquent et accompli la tâche que je vous impose. Travaillez donc à votre avancement ; voilà le but : vous l'atteindrez en suivant les Lois que j'ai gravées dans votre
conscience ».

En conséquence de leur libre arbitre, les uns prennent
la route la plus courte, qui est celle du bien, les autres
la plus longue, qui est celle du mal.

7

DIEU n'a point créé le mal ; il a établi des Lois, et ces
Lois sont toujours bonnes, parce qu'il est souverainement bon ; celui qui les observerait fidèlement serait
parfaitement heureux ; mais les Esprits, ayant leur libre
arbitre, ne les ont pas toujours observées, et le mal est
résulté pour eux de leur désobéissance. On peut donc
dire que le bien est tout ce qui est conforme à la Loi de
DIEU, et le mal tout ce qui est contraire à cette même
Loi.

8

Pour concourir, comme agents de la *Puissance divine*
à l'œuvre des mondes matériéls, les Esprits revêtent
temporairement un corps matériel. Par le travail que

nécessite leur existence corporelle, ils perfectionnent leur intelligence et acquièrent, en observant la Loi de DIEU, les mérites qui doivent les conduire au bonheur éternel.

9

L'incarnation n'a point été imposée à l'Esprit, dans le principe, comme une punition ; elle est nécessaire à son développement et à l'accomplissement des œuvres de DIEU, et tous doivent la subir, qu'ils prennent la route du bien ou celle du mal ; seulement ceux qui suivent la route du bien, avançant plus vite, sont moins longs à parvenir au but et y arrivent dans des conditions moins pénibles.

10

Les Esprits incarnés constituent l'humanité, qui n'est point circonscrite à la Terre, mais qui peuplent tous les mondes disséminés dans l'espace.

11

L'âme de tout Être humain est un Esprit incarné. Pour le seconder dans l'accomplissement de sa tâche, DIEU lui a donné, comme auxiliaires, les animaux qui lui sont soumis, et dont l'intelligence et le caractère sont proportionnés à ses besoins.

12

Le perfectionnement de l'Esprit est le fruit de son

propre travail ; ne pouvant, dans une seule existence
corporelle, acquérir toutes les qualités morales et intellectuelles qui doivent le conduire au but, il y arrive par
une succession d'existences à chacune desquelles il fait
quelques pas en avant dans la voie du progrès.

13

A chaque existence corporelle l'Esprit doit fournir une
tâche proportionnée à son développement ; plus elle est
rude et laborieuse, plus il a de mérite à l'accomplir.
Chaque existence est ainsi une épreuve qui le rapproche
du but. Le nombre de ces existences est indéterminé. Il
dépend de la volonté de l'Esprit de l'abréger en travaillant activement à son perfectionnement moral ; de même
qu'il dépend de la volonté de l'ouvrier qui doit fournir
un travail, d'abréger le nombre des jours qu'il emploie
à le faire.

14

Lorsqu'une existence a été mal employée, elle est sans
profit pour l'Esprit, qui doit la recommencer dans des
conditions plus ou moins pénibles en raison de sa négligence et de son mauvais vouloir ; c'est ainsi que, dans
la vie, on peut être astreint à faire le lendemain ce qu'on
n'a pas fait la veille, ou à refaire ce qu'on a mal fait.

15

La vie spirituelle est la vie normale de l'Esprit : elle
est éternelle ; la vie corporelle est transitoire et passa-
gère : ce n'est qu'un instant dans l'éternité.

16

Dans l'intervalle de ses existences corporelles , l'Esprit est *errant*. L'erraticité n'a pas de durée déterminée; dans cet état l'Esprit est heureux ou malheureux, selon le bon ou le mauvais emploi qu'il a fait de sa dernière existence; il étudie les causes qui ont hâté ou retardé son avancement; il prend les résolutions qu'il cherchera à mettre en pratique dans sa prochaine incarnation et choisi lui-même les épreuves qu'il croit les plus propres à son avancement; mais quelquefois il se trompe, ou succombe, en ne tenant pas comme Être humain les résolutions qu'il a prises comme Esprit.

17

L'Esprit coupable est puni par les souffrances morales dans le monde des Esprits , et par les peines physiques dans la vie corporelle. Ses afflictions sont la conséquence de ses fautes , c'est-à-dire de son infraction à la Loi de DIEU ; de sorte qu'elles sont à la fois une expiation du passé et une épreuve pour l'avenir : c'est ainsi que l'orgueilleux peut avoir une existence d'humiliation, le tyran une de servitude, le mauvais riche une de misère...

18

Il y a des mondes appropriés aux différents degrés d'avancement des Esprits, et où l'existence corporelle se trouve dans des conditions très différentes. Moins l'Esprit est avancé, plus les corps qu'il revêt sont lourds et matériels; à mesure qu'il se purifie, il passe dans des mondes supérieurs moralement et physiquement. La Terre n'est ni le premier ni le dernier, mais est un des plus arriérés.

19

Les Esprits coupables sont incarnés dans les mondes les moins avancés, où ils expient leurs fautes par les tribulations de la vie matérielle. Ces mondes sont pour eux de véritables purgatoires, mais d'où il dépend d'eux de sortir en travaillant à leur avancement moral. La terre est un de ces mondes.

20

DIEU, étant souverainement *juste* et *bon*, ne condamne pas ses créatures à des châtiments perpétuels pour des fautes temporaires; il leur offre en tous temps les moyens de progresser et de réparer le mal qu'elles ont pu faire. DIEU pardonne, mais il exige le repentir, la réparation et le retour au bien; de sorte que la durée du châtiment est proportionnée à la persistance de l'Esprit dans le mal, que, par conséquent, le châtiment serait *éternel* pour celui qui resterait éternellement dans la mauvaise voie; mais, dès qu'une lueur de repentir entre dans le cœur du coupable, DIEU étend sur lui sa miséricorde. L'éternité des peines doit aussi s'entendre dans le sens relatif, et non dans le sens absolu.

21

Les Esprits, en s'incarnant, apportent avec eux ce qu'ils ont acquis dans leurs existences précédentes; c'est la raison pour laquelle les Êtres humains montrent instinctivement des aptitudes spéciales, des penchants bons ou mauvais qui semblent innés en eux.

Les mauvais penchants naturels sont les restes des imperfections de l'Esprit, et dont il ne s'est pas entièrement dépouillé; ce sont aussi les indices des fautes qu'il a commises, et le véritable *péché originel*. A chaque existence il doit se laver de quelques impuretés.

22

L'oubli des existences antérieures est un bienfait de DIEU qui, dans sa bonté, a voulu épargner à l'Être humain des souvenirs le plus souvent pénibles. A chaque nouvelle existence, l'Être humain est ce qu'il s'est fait lui-même : c'est pour lui un nouveau point de départ; il connaît ses défauts actuels; il sait que ces défauts sont la suite de ceux qu'il avait; il en conclut le mal qu'il a pu commettre, et cela lui suffit pour travailler à se corriger. S'il avait autrefois des défauts qu'il n'a plus, il n'a pas à s'en préoccuper; il a assez de ses imperfections présentes.

23

Si l'âme n'a pas déjà vécu, c'est qu'elle est créée en même temps que le corps; dans cette supposition, elle

ne peut avoir aucun rapport avec celles qui l'on précé-
dée. On se demande alors comment DIEU, qui est souverainement juste et bon, peut l'avoir rendue responsable de la faute du père du genre humain, en l'entachant
d'un péché originel qu'elle n'a pas commis. En disant,
au contraire, qu'elle apporte en renaissant le germe des
imperfections de ses existences antérieures ; qu'elle
subit dans l'existence actuelle les conséquences de ses
fautes passées, on donne du *péché originel* une explication logique que chacnn peut comprendre et admettre,
parce que l'âme n'est responsable que de ses propres
œuvres.

24

La diversité des aptitudes innées, morales et intellectuelles, est la preuve que l'âme a déjà vécu ; si elle avait
été créée en même temps que le corps actuel, il ne serait
pas selon la bonté de DIEU d'avoir fait les unes plus
avancées que les autres. Pourquoi des sauvages et des
Êtres civilisés, des bons et des méchants, des sots et des
gens d'esprit ? En disant que les uns ont plus vécu que
les autres et ont plus acquis, tout s'explique.

25

Si l'existence actuelle était unique et devait seule décider de l'avenir de l'âme pour l'éternité, quel serait le
sort des enfants qui meurent en bas âge ? N'ayant fait
ni bien ni mal, ils ne méritent ni récompenses ni punitions. Selon la parole du Christ, chacun étant récom-

pensé selon ses œuvres, ils n'ont pas droit au parfait bonheur des anges, ni mérité d'en être privés. Dites qu'ils pourront, dans une autre existence, accomplir ce qu'ils n'ont pu faire dans celle qui a été abrégée, et il n'y a plus d'exceptions.

26

Par le même motif, quel serait le sort des crétins et des idiots ? N'ayant aucune conscience du bien et du mal, ils n'ont aucune responsabilité de leurs actes. DIEU serait-il juste et bon d'avoir créé des âmes stupides pour les vouer à une existence misérable et sans compensation ? Admettez, au contraire, que l'âme du crétin et de l'idiot est un Esprit en punition dans un corps impropre à rendre sa pensée, où il est comme un homme fort comprimé par des liens, et vous n'aurez plus rien qui ne soit conforme à la justice de DIEU.

27

Dans ces incarnations successives, l'Esprit, s'étant peu à peu dépouillé de ses impuretés et perfectionné par le travail, arrive au terme de ses existences corporelles; il appartient alors à l'ordre des *purs Esprits* ou des *anges*, et jouit à la fois de la vue complète de DIEU et d'un bonheur sans mélange pour l'éternité.

28

Les Êtres humains étant en expiation sur la Terre, DIEU, en bon père, ne les a pas livrés à eux-mêmes sans guides. Ils ont d'abord leurs Esprits protecteurs ou anges gardiens, qui veillent sur eux et s'efforcent de les conduire dans la bonne voie ; ils ont encore les Esprits en mission sur la terre, Esprits supérieurs incarnés de temps en temps parmi eux pour éclairer la route par leurs travaux et faire avancer l'humanité. Bien que DIEU ait gravé sa Loi dans la conscience, il a cru devoir la formuler d'une manière explicite ; il leur a d'abord envoyé Moïse ; mais les Lois de Moïse étaient appropriées aux hommes de son temps ; il ne leur a parlé que de la vie terrestre, de peines et de récompenses temporelles. Le Christ est venu ensuite compléter la loi de Moïse par un enseignement plus élevé : *la pluralité des existences* (1), *la vie spirituelle*, *les peines et les récompenses morales*. Moïse les conduisait par la crainte, le Christ par l'amour et la charité.

29

Le Spiritisme, mieux compris aujourd'hui, ajoute, pour les incrédules, l'évidence à la théorie ; il prouve l'avenir par des faits patents, il dit en termes clairs et sans équivoque ce que le Christ a dit en paraboles ; il explique les vérités méconnues ou faussement interprétées ; il révèle l'existence du monde invisible ou des Esprits, et initie l'Être humain aux mystères de la vie future ; il vient combattre le matérialisme, qui est une

---

(1) Evang. saint Mathieu, chap. xvii, v. 10 et suiv.— Saint Jean, chap. iii, v. 2 et suiv.

révolte contre la puissance de DIEU ; il vient enfin éta-
blir parmi tous les Êtres humains le règne de la charité
et de la solidarité annoncé par le Christ. Moïse a labouré, le Christ a semé, le Spiritisme vient récolter.

30

Le Spiritisme n'est point une lumière nouvelle, mais
une lumière plus éclatante, parce qu'elle surgit de tous
les points du globe par la voie de ceux qui ont vécu. En
rendant évident ce qui était obscur, il met fin aux interprétations erronées, et doit rallier tous les Êtres humains à une même croyance, parce qu'il n'y a qu'un *seul*
DIEU, et que ses Lois sont les mêmes pour tous ; il
marque enfin l'ère des temps prédits par le Christ et les
prophètes.

31

Les maux qui affligent les humains sur la terre ont
pour cause l'orgueil, l'égoïsme et toutes les mauvaises
passions. Par le contact de leurs vices, *hélas ! tous se
rendent réciproquement malheureux et se punissent les
uns par les autres.* Que la charité et l'humilité rempla-
cent l'égoïsme et l'orgueil, alors ils ne chercheront plus
à se nuire ; ils respecteront les droits de chacun, et
feront régner entre eux la concorde et la justice.

32

Mais comment détruire l'égoïsme et l'orgueil qui semblent innés dans le cœur de l'Être humain.—L'égoïsme

et l'orgueil sont dans le cœur de l'Être humain, parce que les Êtres humains sont des Esprits qui ont suivi dès le principe la route du mal, et qui ont été exilés sur la terre en punition de ces mêmes vices; c'est encore là leur péché originel dont beaucoup ne se sont pas dépouillés. Par le Spiritisme, DIEU vient faire un dernier appel à la pratique de la loi enseignée par le Christ : la loi d'amour et de charité.

33

La terre étant arrivée au point marqué pour devenir un séjour de bonheur et de paix, à l'avenir il ne sera plus permis aux mauvais Esprits incarnés d'y porter le trouble au préjudice des bons; c'est pourquoi ils devront disparaître. Ils iront expier leur endurcissement dans des mondes moins avancés, où ils travailleront à nouveau à leur perfectionnement, dans une série d'existences plus malheureuses et plus pénibles encore que sur la terre.

Ils formeront dans ces mondes une nouvelle race plus éclairée et dont la tâche sera de faire progresser les Êtres arriérés qui les habitent, à l'aide de leurs connaissances acquises. Ils n'en sortiront pour un monde meilleur, que lorsqu'ils l'auront mérité, et ainsi de suite, jusqu'à ce qu'ils aient atteint la purification complète. Si la terre était pour eux un purgatoire, ces mondes seront leur enfer, mais un enfer d'où l'espérance n'est jamais bannie.

34

Tandis que la génération proscrite va disparaitre rapidement, une nouvelle génération s'élève dont les croyances seront fondées sur le *Spiritisme chrétien*. Nous
assistons à la transition qui s'opère, prélude de la rénovation morale dont le Spiritisme marque l'avènement.

ALLAN KARDEC.

Tels sont, amis Lecteurs, les *Principes généraux*
de la Doctrine spirite dont ALLAN KARDEC a été *l'unique
initiateur*. A vous maintenant *d'apprécier*, *de juger* et
de décider si cette doctrine est vraiment *consolante*,
rationnelle et *sublime*; si, enfin, *une telle doctrine mérite d'avoir sa raison d'être ?...*

A. B.

QUATRE AVIS DIFFÉRENTS

SE RAPPORTANT A NOTRE

PREMIÈRE INNOVATION

A NOS LECTEURS

PREMIER AVIS

Le vrai devoir consiste, assurément, Lecteurs,
A toujours modifier ce qui vraiment, d'ailleurs,
Nous paraît à chacun plus ou moins imparfait.
Tout sage agit ainsi; ce qui le rend parfait.
C'est donc le vrai devoir de tout homme prudent,
Comme le dit sage, d'agir également.
Ce que nous disons là, donne sa raison d'être
A l'avis deuxième qui vous plaira peut-être.

DEUXIÈME AVIS

Les anciennes règles de versification,
D'une difficulté contraire à la raison,
Sont par nous, chers Lecteurs, sagement remplacées
Par d'autres se trouvant de beaucoup plus sensées;
Plus conformes, vraiment, à la vraie harmonie,
La chose principale, en bonne poésie.
Prenez-en connaissance et vous verrez, Lecteurs,
Que ce que nous disons est très juste d'ailleurs.

TROISIÈME AVIS

Si vous avez recours à nos règles nouvelles
(Absolument sensées, tout à fait rationnelles),
Sensément adoptées par nous en poésie :
Vous aurez, chers Lecteurs, l'agrément infini
De pouvoir versifier tout sujet désigné,
A cette condition d'en être impressionnés ;
Condition absolue, pour la définition
Facile, assurément, du sujet en question.

     Essayez, chers Lecteurs,
     Et vous verrez d'ailleurs,
     Que vos premiers essais
     Auront un vrai succès.

QUATRIÈME AVIS

Le conseil désigné dans le troisième avis,
A le grand mérite de combattre l'ennui,
Qui s'empare de nous, très positivement,
Quant nous sommes privés de toute occupation,
En dehors de celles qui sont journellement
Imposées à nous tous, comme une obligation.
Ce que nous disons là, est vrai et fort sensé ;
Car le temps, dans ce cas, est bien vite passé.

     En effet, chers Lecteurs,
     Acceptez notre avis,
     Et pour vous tous, amis,
     Les jours seront des heures.

INNOVATION POÉTIQUE

AVIS A NOS LECTEURS

SE RAPPORTANT A

NOS NOUVELLES RÈGLES POÉTIQUES

Ce qui nous a engagé, chers Lecteurs, à entreprendre la composition de nos deux poèmes *psycologique* et *astronomique*, ce sont les *quatre innovations* suivantes, que nous avons admises dans la poésie, comme étant tout à fait *rationnelles* et *sensées*, du moment qu'elles facilitent énormément toutes productions poétiques quelconques; tout en améliorant très sensiblement sa *cadence* et son *harmonie*, ainsi qu'il en sera donné des preuves matérielles convaincantes à la fin du présent avis, se rapportant uniquement aux *Nouvelles règles poétiques* admises par nous dans la versification. Ces preuves matérielles seront d'autant plus convaincantes, qu'elles seront toutes extraites de l'*Art poétique* de NICOLAS BOILEAU-DESPRÉAUX; lequel *Art poétique* est

3

un chef-d'œuvre sublime de poésie ; ce qui ne l'empêche pas, cependant, d'être défectueux dans certains endroits; défectuosités uniquement dues à certaines exigences peu harmonieuses des *règles poétiques* admises de son temps.

A ceux de nos Lecteurs que nos observations ci-dessus feront sourire, nous répondrons tout simplement ceci : prenez connaissance des extraits qui figurent à la suite des six articles désignés à la page 37, et vous verrez que votre sourire cessera immédiatement. Quant aux quatre innovations admises par nous dans la versification, elles sont les suivantes :

1° Concernant *l'hiatus*, nous ferons remarquer que celui qu'on emploie dans le discours, sans nuire à la pureté de la langue dans laquelle on parle, doit *sensément* être permis. Ainsi, par exemple, dans le distique suivant :

Femme qui a beauté sans être charitable,
N'est belle qu'à moitié et n'est jamais aimable.

le premier est défectueux, tandis que le second est très acceptable.

2° Quant à faire rimer un singulier avec un pluriel, sans blesser l'oreille, cette *innovation* nous paraît également *rationnelle* et *sensée*, et doit forcément être acceptée, dans le but de rendre la poésie beaucoup plus facile; du moment surtout (nous le répétons), que cela ne nuit aucunement à la *cadence* et à *l'harmonie* des vers en question ; ainsi que le prouve le quatrain suivant :

Plaisirs et puis jeunesse ont tout à fait leur charme,
Mais sans la charité, compagne du bonheur,
Ils sont le plus souvent (croyez-moi, chers Lecteurs)
La cause qui, plus tard, fait verser bien des larmes.

3º La *troisième innovation* admet, rationnellement,
que deux syllabes unies entre elles par des voyelles
(comme dans les mots suivants : *punition*, *patience*,
conscience, etc.) doivent, dans l'intérêt de la *cadence* et
de l'*harmonie*, des vers se trouvant dans cette condition, ne former qu'une *seule* syllabe, appelée complexe ;
du moment que sa prononciation se produit en une seule
émission de voix (1). Ces trois mots ne doivent donc
généralement former que trois syllabes. Leur en accorder quatre, doit être considéré comme étant une liberté
poétique, dont on doit user le moins possible, dans
l'intérêt de la *cadence* et de l'*harmonie* de toute bonne
versification ; liberté que nous évitons dans les trois
distiques suivants :

Toutes *innovations* sont bonnes, chers Lecteurs,
Quand elles ont pour but de nous rendre meilleurs.

(1) Ce que nous disons ici a d'autant plus sa raison d'être
que, page 69 de la *Grammaire générale* de NAPOLÉON LANDAIS,
nous lisons le passage suivant : 2º Une *syllabe complexe* est
une voix double, qui comprend deux voix élémentaires pro-
noncées distinctement et consécutivement, mais en une
seule émission ; telles sont les premières syllabes des mots
oi-seau, *cloi-son*, *hui-lier*, *tui-lier*.

Une vraie *situation* tout à fait déplorable,
C'est de nuire à autrui, sans un motif valable.

La *Conscience*, Lecteurs, doit toujours nous guider :
Sans quoi, dans l'autre vie, il nous faudra pleurer.

Il existe cependant certains cas où l'on doit, autant
que possible, éviter cette liaison. Ainsi, par exemple,
une telle liaison ne doit plus exister dans les mots suivants : *équiangle, triangle, influence*, les deux voyelles
i et u ayant un son très distinct dans la prononciation ;
tels sont les deux distiques suivants :

Pour sûr, deux *triangles* sont vraiment *équiangles*,
Quant chacun à chacun sont égaux leurs trois angles.

Influencer quelqu'un, dans un but malveillant :
C'est prouver, chers Lecteurs, qu'on est vraiment
                            [méchant].

Nous ferons remarquer ici, que le mot *situation* qui,
d'après notre *troisième innovation*, ne forme que trois
syllabes, en forme cinq, d'après les *anciennes règles
poétiques* et doit se prononcer ainsi : si-tu-a-ti-on ; ce
qui, franchement, est peu harmonieux et, de plus, peu
sensé... Au surplus, nous ferons remarquer que, généralement, c'est notre oreille qu'il faut consulter en
pareil cas ; le plus simple bon sens nous en fait un devoir et, en même temps, une obligation.

4° Enfin, la *quatrième et dernière innovation* consiste

à admettre : que tout adjectif féminin peut parfaitement bien se mettre dans l'intérieur d'un vers, tout en considérant l'e muet final du dit adjectif comme ne produisant pas de syllabe dans ledit vers, son *son* étant pour ainsi dire inaccessible à l'oreille, comme le disent fort bien MM. NOEL et CHAPSAL dans leur *Nouvelle Grammaire française*, et ne pouvant, d'après cela, aucunement nuire à la *cadence* et à l'*harmonie* des vers se trouvant dans cette condition. Tels sont, par exemple, les trois distiques suivants, dont chacun des vers n'a *rationnellement* que douze syllabes ; chaque syllabe féminine (si toutefois nous pouvons nous exprimer ainsi) n'en formant réellement qu'une, bien distincte, dans la prononciation. Exemple :

Une rose *fanée* ne fut jamais Lecteur,
Choses bien désirée et vraiment en faveur.

Plusieurs roses *fanées, unies* en un bouquet,
N'ont jamais, chers Lecteurs, produit un grand effet.

Bienfaisante *rosée*, le matin, sur les fleurs,
Produit un vrai bienfait, ravivant leurs couleurs.

Telles sont, amis Lecteurs, les *quatre innovations* que nous avons admises dans la versification, ainsi que vont le prouver les six articles suivants, après lesquels nous ferons connaitre les extraits dont nous avons fait mention au commencement de cet *Avis à nos Lecteurs*. Ces six articles sont les suivants :

I. Quatre grandes vérités psychologiques et morales

1° SUR LA COMPOSITION DE L'ÊTRE HUMAIN.

Tout Être humain comprend trois distinctes parties ;
PRIMO, *le corps*, qui est purement matériel,
SECUNDO, *son âme*, vraiment immatérielle ;
TERTIO, *certain fluide* qu'on définit ainsi :
Le fluide intermédiaire entre l'âme et le corps.
L'âme doit emporter, à la mort du dit corps,
Le fluide ci-dessus, destiné à former
Son corps spirituel, invisible pour nous,
Mais visible pour elle, autant que la matière
Est, positivement, visible pour nous tous.
De là, nous concluons : *L'existence forcée*
Du monde des Esprits dans l'espace éthéré.

2° MORT MATÉRIELLE ET VIE SPIRITUELLE.

L'Être humain craint la mort purement matérielle,
Sa vraie délivrance nommée spirituelle,
Et certes, ne craint pas (l'infortuné qu'il est)
De souiller son âme, qui survit au décès
De son corps matériel, lequel devient poussière,
Étant des trois parties, vraiment la plus grossière ;
Tandis que sa dite âme, Être spirituel,
Survit à son dit corps et devient éternelle.
L'Être humain coupable doit *seul* la redouter,
Car *lui seul*, en effet, doit vraiment éprouver,
En dehors de la vie purement matérielle,

Des peines morales, toutes spirituelles ;
Peines qu'il subira, jusqu'au moment fixé,
Pour se réincarner dans une humanité.

3° SUR LA PLURALITÉ DES EXISTENCES HUMAINES.

L'Être humain progressant dans sa vie matérielle,
Et puis son âme étant reconnue immortelle,
Ainsi que destinée à se réincarner,
Forcément, nous sommes obligés d'accepter
La pluralité des existences humaines.
Cette vérité là étant chose certaine,
Nous tous nous avons donc, Lecteurs, déjà vécu
Sur des mondes humains et devrons vivre, en plus,
Sur d'autres qui seront plus en plus épurés ;
Cela jusqu'à ce que nous soyons arrivés
A pureté complète, étant la destinée
De tous, sans exception, en toute vérité.

4° EXPLICATION DES ANOMALIES EXISTANT DANS NOTRE HUMANITÉ.

La pluralité des existences humaines
Une fois acceptée, alors (chose certaine)
Toutes anomalies de notre humanité
Sont, positivement, tout à fait expliquées.
En effet, les Esprits, à leur point de départ,
Doivent tous être égaux en bien et puis en mal ;
Laquelle égalité doit (règle générale)
Très positivement disparaître plus tard.
Cela, assurément, se comprend de soi-même,

Du moment que chacun a le pouvoir extrême
De bien ou mal faire, suivant sa volonté;
Ce qui, par la suite, fait leur diversité,
Sous le rapport de la fortune et puis santé,
Comme cela se voit dans notre humanité.

A. B.

II. — PRINCIPES GÉNÉRAUX DU SPIRITISME

(VÉRIFIÉS PAR L'AUTEUR)

1

DIEU est l'intelligence absolument suprême,
La cause première de toutes choses même.
Assurément il est *unique, immatériel,*
Et de plus *Tout-Puissant, immuable, éternel,*
Souverainement juste et absolument bon,
Tout-à-fait infini dans toutes perfections (1).

----

(1) Nous ferons remarquer ici que, d'après nos *nouvelles règles poétiques,* la particule *tion* ne forme qu'une syllabe, conformément à l'avis de MM. NOEL et CHAPSAL, et de NAPOLÉON LANDAIS dans sa *Grammaire générale.* A cet égard, consulter nos nouvelles règles ci-dessus désignées. — Même observation pour les particules *riel, flui, scien,* etc.

En effet, supposer un de ses attributs
Comme étant imparfait, il n'existerait plus.

2

DIEU, *seul*, a tout créé : la matière et les mondes
Témoignant sa splendeur absolument profonde ;
Puis aussi des Êtres vraiment intelligents
Que nous nommons Esprits, les plus purs s'occupant
De l'administration des mondes matériels,
D'après les Lois sacrées, fixes et éternelles
De toute création tout-à-fait matérielle.
Ces Esprits, sans doute, sont vraiment immortels
Et puis perfectibles par leur propre nature.
En se perfectionnant dans la moralité,
Ils se rapprochent tous de la DIVINITÉ.
De tous les incarnés, c'est l'avenir futur.

3

L'âme de l'homme (1) est le *principe intelligent*.
Sa nature nous est inconnue autrement ;
Seulement, pour nous tous, elle est immatérielle,
N'ayant aucun rapport avec toute matière ;
Ce qui, alors, la rend tout-à-fait immortelle.
Vérité que l'on doit accepter tout entière.

4

Chaque Esprit est vraiment un Être personnel.

(1) Le mot homme est pris ici, dans un sens générique
désignant l'*homme* et la femme.

Tous ont une enveloppe étant dite éthérée,
Impondérable et puis périsprit appelée ;
Sorte de corps fluidique, absolument réel,
Et, positivement, ayant la forme humaine.
De l'espace, ils peuplent toute l'immense plaine
Qu'ils peuvent parcourir aussi rapidement
Que l'éclair ; puis, de plus , sont les constituants
Du monde invisible pour tous les incarnés ;
Lequel sera le leur, une fois décédés.

5

Nous ignorons comment a dû être créé
L'Être spirituel, que nous nommons Esprit ;
Seulement, nous savons que tous (en vérité)
Doivent être créés sans aucun érudit ,
  Autrement dit sans science,
  Et puis sans connaissance
  De tout bien, de tout mal ;
  Mais avec une égale
Aptitude pour tout ; car DIEU, dans sa justice,
Ne pouvait affranchir (sans faire une injustice)
Les uns de tout travail qu'il aurait imposé
Aux autres , dans le but (en toute vérité)
De les faire arriver à toute perfection.
C'est pourquoi, chers Lecteurs, dans le principe ils sont
Sans propre volonté et de plus sans conscience
Parfaite, assurément, de leur propre existence.

6

Le libre-arbitre et puis, ensuite, les idées

Augmentant ensemble chez tous les dits Esprits ,
DIEU, intuitivement, en *bon* PÈRE leur dit :
« *Vous pouvez tous prétendre à la félicité ,*
Au bonheur suprême, quand vous aurez acquis
Toutes connaissances et de plus accompli
La tâche qui vous est imposé comme épreuve.
Alors, d'après cela, mettez-vous donc à l'œuvre,
Travaillez sans relâche à votre avancement ;
Voilà le but , que vous atteindrez forcément,
Si vous vous conformez aux Lois que j'ai gravées
Dans votre conscience, votre vraie sûreté. » ·
Conséquemment à leur libre arbitre susdit,
Les uns prennent, à tort, le chemin le plus long ,
Qui est celui du mal; les autres, le moins long,
Qui est celui du bien. La Loi l'exige ainsi.

7

Le mal n'est pas créé par la DIVINITÉ ;
Il est l'œuvre avérée de l'Esprit incarné.
En effet, l'on peut dire, avec toute raison,
Que DIEU a établi des Lois qui toutes sont
Bonnes absolument. Ceux qui, fidèlement,
Pourraient s'y conformer, seraient (en vérité)
Parfaitement heureux; mais les Esprits jouissant
De leur libre arbitre, le mal est résulté
Positivement de leur désobéissance
Aux Lois sus-désignées; cela, par imprudence.
Le bien est donc conforme à la divine Loi ,
Et le mal opposé à cette même Loi.

8

Pour devenir agent de la TOUTE-PUISSANCE,
Dans l'œuvre sublime des mondes matériels,
Les Esprits revêtent un corps dit corporel ;
Cela, nous en avons tout-à-fait connaissance.
Par le travail que leur corporelle existence
Les force d'accomplir (c'est de toute évidence),
Ils se perfectionnent, afin de posséder
Les mérites que, tous, nous devons désirer ;
Du moment que leur but, tout-à-fait rationnel,
Est de nous procurer le bonheur éternel.

9

L'incarnation n'a pas, dès le principe, été
Imposée à l'Esprit, comme une punition ;
Elle est obligatoire, une nécessité
Pour pouvoir obtenir son amélioration,
Et, de plus encore, pour l'accomplissement
Des œuvres sublimes de l'ÈTRE TOUT PUISSANT.
Tous doivent la subir, qu'ils prennent le chemin
Soit du bien ou du mal ; seulement, nous savons
Que tous ceux qui suivent la vraie route du bien,
Avançant plus vite, sont en tout temps moins long
A parvenir au but, tout-à-fait désiré
Par tous, assurément, pour peu qu'ils soient sensés.

10

Notre humanité est vraiment constituée
Par tous les dits Esprits s'y trouvant incarnés ;
Laquelle humanité existe également
Sur les autres globes de tous les firmaments.

11

L'âme de l'Être humain est positivement
Un Esprit incarné, auquel DIEU a donné,
Dans le but de l'aider dans l'accomplissement
De la tâche qui lui a été imposée,
Grand nombre d'animaux, lesquels lui sont soumis,
Et dont l'intelligence et puis le caractère
Sont en rapport avec ses besoins et ceci :
Dans l'unique but de pouvoir le seconder.

12

Le perfectionnement de l'Esprit est le fruit
Du travail exigé, par lui-même accompli.
Pour lui, n'existe pas la possibilité,
Dans une seule existence, d'acquérir en entier,
Toutes les qualités absolument morales
Et intellectuelles, qui sont les principales
Pour pouvoir le conduire au but tant désiré
Par tous les incarnés, qui sont vraiment sensés.
Pour pouvoir arriver, il lui faut forcément
Subir de nombreuses successions d'existences,
Dites corporelles; chacune lui faisant
Faire un pas en avant, si pure est sa conscience.

13

A chaque existence, corporelle appelée,
Tout Esprit doit fournir la tâche désignée
Et proportionnée à son développement;
Plus elle est laborieuse et rude en même temps,
Plus il se rend digne de toute progression.

Chaque existence est donc une épreuve réelle,
Qui doit le rapprocher du beau but en question :
Le suprême bonheur, qui devient éternel.
De ces existences, le nombre assurément
Est indéterminé. Seulement, il dépend
De lui de l'abréger, en se perfectionnant ;
De même un ouvrier peut abréger le temps
Qu'il doit mettre à faire tout travail commandé.
Pour les deux, dans ce cas, il faut la volonté.

14

Toute existence ayant été mal employée
Est vraiment, pour l'Esprit, d'aucune utilité.
Dans ce cas, il lui faut (c'est chose obligatoire)
Alors recommencer dans d'autres conditions,
D'autant plus pénibles (comme il est de raison)
Que sa négligence et son mauvais vouloir
Ont été apparents, en cette circonstance.
De même dans la vie (c'est de toute évidence).
Quelque fois, il nous faut faire le lendemain,
Ce que l'on n'a pas fait ou mal fait ; c'est certain.

15

De l'Esprit, la vraie vie, dite spirituelle,
Est la *seule* normale et de plus éternelle.
Sa vie corporelle, n'est que momentanée,
Ne dure qu'un instant dans son éternité.

16

Pendant l'intervalle de ses vies corporelles,
Tout Esprit est errant, sans demeure officielle.

Cette erraticité n'a pas une durée
Vraiment déterminée, pour le désincarné.
Dans cet état, l'Esprit, assurément est dit :
Heureux ou malheureux, selon le véritable
Emploi qu'il a fait de sa dernière existence ;
Emploi qui forcément (c'est de toute évidence)
A été bon ou bien plus ou moins déplorable.
Dans l'un et l'autre cas, il cherche à découvrir
Les vraies causes qui ont hâté ou retardé
Son propre avancement et puis, pour l'avenir,
Prend des résolutions qu'alors il a jugé
Devoir mettre en pratique, étant réincarné ;
Puis, lui-même choisit les épreuves qu'il croit,
Pour son avancement, être les plus sensées
Et puis les meilleures ; seulement, quelquefois,
Il se trompe ou succombe, à l'état d'Être humain,
En pensant autrement que comme Esprit, enfin.

17

Tous les Esprits qui sont réellement coupables
Sont toujours punis par les souffrances morales,
Dans le monde appelé : monde spirituel,
Et puis ont à subir, dans la vie corporelle,
Les peines physiques. Toutes leurs afflictions
Sont la conséquence de leur triste infraction
A la Loi divine ; de sorte qu'à la fois
Elles sont du passé (ainsi le veut la Loi)
Une vraie expiation et une épreuve, enfin,
Pour les vies suivantes, dans des mondes humains.
L'orgueilleux peut, alors, avoir toute une vie

D'entière humiliation; le tyran, lui aussi,
Une de servitude; le mauvais riche, enfin,
Une de misère. C'est tout-à-fait certain.

18

Il y a des mondes qui sont appropriés
Aux différents degrés des Esprits incarnés,
Où la vie humaine (vérité évidente)
Se trouve être dans des conditions différentes.
Moins ils sont avancés, plus le corps corporel
Qu'ils revêtent est lourd et de plus matériel;
Lorsqu'ils se purifient, il leur est accordé
D'habiter des mondes qui sont plus avancés,
Moralement et puis physiquement parlant.
Le globe terrestre (par nous tous habité)
Est, positivement, l'un des plus ariérés;
Ainsi que le prouvent nos tristes différents.

19

Les Esprits coupables sont toujours incarnés
Dans les mondes humains tous les moins avancés,
Où, ils leur faut expier leurs fautes regrettables,
Par les tribulations de la vie matérielle.
Ces mondes sont, pour eux, des prisons véritables,
Que, s'ils se purifient, ils sont (c'est rationnel)
Assurés de quitter pour des mondes meilleurs.
Notre terre est l'un de ces mondes inférieurs.

20

DIEU étant juste et bon (cela, absolument),
A ses Créatures n'inflige, en aucun temps,

Aucuns des châtiments perpétuels nommés ;
Cela, pour des fautes tout-à-fait temporaires.
Pour réparer le mal que chacun a pu faire,
En tout temps, il leur offre (en toute vérité)
Les moyens qui peuvent les faire progresser.
DIEU exige toujours, avant de pardonner,
Le repentir et puis toute réparation,
Et le retour au bien, comme il est de raison.
La punition est donc, toujours proportionnée
A la persistance de l'Esprit incarné
De rester dans le mal. Alors, par conséquent,
Deviendrait éternel, le susdit châtiment,
Pour celui qui, hélas ! ferait toujours le mal ;
Mais dès que le coupable (en règle générale)
Éprouve un repentir, il peut être assuré
D'avoir la protection de la DIVINITÉ.
Le sens dit relatif et non pas absolu
Peut donc s'entendre pour les peines ci-dessus.

21

En s'incarnant sur un monde dit matériel
Les Esprits apportent avec eux tout l'acquis
Des vies précédentes, appelées corporelles ;
Cela fait comprendre pourquoi les dits Esprits
Ont des capacités tout-à-fait différentes,
Et de plus des penchants qui sont (chose évidente)
Bons ou mauvais et qui, en eux, semblent innés.
Tous les mauvais penchants des Esprits incarnés
Sont vraiment les restes de leurs imperfections,
Desquels, hélas ! ils n'ont, en aucune occasion,

Pu se débarrasser; de plus sont les indices
Des mauvaises actions par eux mêmes commises.
A chaque existence, s'ils sont vraiment sensés,
Ils se dépouillent de quelques impuretés.

22

L'oubli des vies passées est un bienfait de DIEU,
Dont l'absolue bonté a voulu épargner
Aux Esprits incarnés des souvenirs fâcheux ;
Lesquels, assurément, pouvaient les détourner
De la résolution qu'ils ont (étant Esprits)
Prise dans le monde nommé spirituel.
Tout Être humain, à chaque existence nouvelle,
Est ce que lui-même s'est fait, sans contredit :
C'est un point de départ, qui pour lui est nouveau ;
Il sait que ces défauts sont la suite de ceux
Qu'il avait autrefois ; il en conclut les maux
Qu'il a pu commettre ; pour lui c'est très heureux,
Car cela lui suffit pour l'aider à trouver
Le moyen de pouvoir vraiment se corriger.
S'il avait autrefois des défauts qu'il n'a plus,
Très positivement, cela est un surplus
    Qu'il lui faut oublier,
    Pour se préoccuper
    De ses défauts présents.
    Pour lui c'est suffisant.

23

Admettant que l'âme n'a pas déjà vécu,
C'est admettre qu'elle est créée en même temps

Que son corps matériel ; alors, le TOUT-PUISSANT ,
D'après cette opinion, devrait l'avoir rendue
(Ce qui est un non sens et une absurdité)
Responsable d'une faute commise, enfin ,
Par un faux prétendu père du genre humain ;
L'entachant, dans ce cas, d'un prétendu péché,
Nommé originel ; c'est vraiment insensé.
En disant, au contraire (opinion très sensée)
Qu'elle renait et puis apporte, en renaissant,
Le germe encore impur de ses vies antérieures ,
Du prétendu péché on donne, assurément,
Une interprétation logique et supérieure ;
En effet, dans ce cas, l'âme de l'Être humain
N'est responsable que de ses œuvres, enfin.

24

La diversité des aptitudes innées ,
Et de plus morales et intellectuelles
Est, positivement, une preuve avérée
Que l'âme a déjà eu d'autres vies corporelles.
Cette opinion sensée donne l'explication
Du pourquoi se trouve, dans notre humanité,
Des sauvages et des Êtres civilisés ;
Des méchants et de plus des Êtres vraiment bons ;
Des ignorants et puis, enfin, des gens d'esprit.
En disant que les uns ont eu plus d'existences
Que les autres et puis ont vraiment plus acquis ;
Alors, tout est conforme à la pure évidence.

25

Si la vie actuelle était (en vérité)
Unique et puis devait, pour toute éternité,
Décider seule, hélas ! de l'avenir de l'âme,
Que deviendrait l'enfant, lequel meurt en bas âge ?
N'ayant fait aucun bien et de plus aucun mal,
Il ne mérite, alors, aucune récompense
Et punition aussi ; c'est de toute évidence.
Selon la parole du Christ (la principale),
Chacun d'après ses faits étant récompensé,
L'enfant n'a pas droit au bonheur des Esprits purs,
Ni mérité d'en être également privé.
En disant qu'il pourra, dans une vie future,
Faire ce que sa vie, de trop courte durée,
Ne lui a pas permis de finir en entier ;
L'on obtient, dans ce cas, cette vraie conclusion :
C'est que sont annulés toutes les objections.

26

Pour le même motif, quel serait l'avenir
Des malheureux idiots et celui des crétins ?
Leur conscience du mal et ensuite du bien
Se trouvant annulée, il nous faut convenir
Qu'ils n'ont donc aucune responsabilité.
DIEU, alors, serait-il vraiment juste et bon
En créant des Êtres tout-à-fait sans raison,
Du plus simple bon sens absolument privés ;
Cela, pour les vouer à une vie fatale
Et sans compensation, en règle générale ?
Admettez au contraire, avec toute raison,

Que l'âme de l'idiot ou celle du crétin
Est un coupable Esprit qui est en punition
Dans un corps impropre (c'est tout-à-fait certain)
A rendre sa pensée, étant comme un fort homme
Comprimez par des liens et nous n'aurons en somme,
Rien de vraiment contraire à l'infinie bonté
Et à la justice de la DIVINITÉ.

27

L'Esprit s'étant dans ses incarnations passées,
Peu à peu dépouillé de ses impuretés,
Et puis perfectionné par un travail constant ;
Dans ce cas, il rentre, très positivement,
Dans le monde appelé : monde des *purs Esprits* ;
Dans lequel il jouit, pour toute éternité,
De la vue complète de la DIVINITÉ ;
Le vrai bonheur suprême et puis indéfini.

28

Tous les Êtres humains étant en expiation
Dans notre humanité, DIEU, absolument bon,
Leur a donné à tous leurs *Esprits protecteurs*,
Portant également le nom d'*Anges gardiens*
Qui certes, en tout temps, les poussent vers le bien ;
Ils ont encore, en plus, les *Esprits supérieurs*
Qui sont, pour quelques uns, incarnés parmi eux
Pour les faire progresser par leurs travaux précieux,
Qui ont pour but unique et de plus avéré,
De faire progresser toute l'humanité.
Bien que DIEU ait gravé sa Loi dans la conscience,

Il l'a également tout-à-fait expliquée ;
Cela, en envoyant (c'est de toute évidence)
Moïse dont les lois étaient appropriées
Aux hommes de son temps ; aussi, ne parlent-elles
Que de la vie terrestre et, ensuite, des peines
Et des récompenses tout-à-fait temporelles.
Puis le Christ est venu donner des lois plus saines ,
Complétant celles de Moïse , assurément ,
Par un enseignement beaucoup plus élevé
Et beaucoup plus moral , lequel est le suivant :
Il nous parle, d'abord, de la pluralité
De l'humaine existence et après de la vie
Dite spirituelle et puis, nous parle aussi
De toutes les peines et de plus récompenses
Tout-à-fait morales ; sublimes connaissances.
Moïse par la crainte, hélas ! les conduisait ;
Jésus-Christ par l'amour et puis la charité.

29

Le Spiritisme, enfin, mieux compris aujourd'hui ,
Ajoute l'évidence à la vraie théorie,
Celle de Jésus-Christ ; par des faits concluants ,
Il prouve l'avenir, de plus dit clairement
Et sans équivoque, ce que Jésus a dit
Allégoriquement ; de plus, explique aussi,
De grandes vérités par trop désavouées
Et de plus, encore, fort mal interprétées ;
Il révèle, ensuite, le monde des Esprits
Invisible pour nous et puis nous initie
Aux secrets de la vie toute spirituelle ;

Il combat l'athéisme, opinion insensée,
Tout-à-fait infâme, puis anti-naturelle;
Il fait comprendre, enfin, à notre humanité,
Le besoin absolu de la vraie charité
Et solidarité qu'il nous faut accepter.
Moïse a labouré, Jésus-Christ a semé,
Le Spiritisme vient forcément récolter.

30

Le dit Spiritisme (c'est chose convenue)
N'est point une lumière absolument nouvelle,
Mais une lumière beaucoup plus rationnelle;
Du moment que la voie de ceux qui ont vécu,
Sur tous les points du globe assurément surgit.
En rendant évident ce qui (sans contredit)
Était vraiment obscure, il détruit, c'est certain,
Les interprétations tout-à-fait erronnées,
Et, de plus, doit rallier tous les Êtres humains,
A la vraie croyance de la DIVINITÉ,
Toute puissante et puis : *unique, immatérielle,*
Juste et bonne, immuable et de plus *éternelle.*

31

Sur la terre, les maux affligeant les humains
Ont pour cause, l'orgueil, la stupide avarice,
L'égoïsme et de plus, la malveillance, enfin.
Assurément par le contact de tous leurs vices,
Tous, hélas ! se rendent tout-à-fait malheureux,
Les uns par les autres; se punissant entre eux.
Quand la vraie charité

Et puis l'humilité
Règneront parmi eux,
Ils seront tous heureux.

32

Mais comment détruire les vices sus-cités,
Qui semblent innés dans le cœur de l'incarné ?
Tous ces vices sont dans le cœur de l'Être humain,
Parce que tous sont des Esprits dits inférieurs,
Qui tous sont exilés dans notre monde humain,
Afin de réparer leurs méfaits antérieurs.
Par le Spiritisme, DIEU leur fait un dernier
Appel à la pratique (absolument morale)
De la sublime Loi d'amour et charité
Qui est, assurément, toute la principale.

33

La terre se trouvant tout-à-fait arrivée
Au vrai point désigné par la DIVINITÉ
Pour devenir, enfin, un séjour de bonheur,
De vraie félicité et ensuite de paix.
Alors, à l'avenir, aucuns Esprits mauvais
Ne pourront s'incarner (c'est de toute rigueur)
Sur la terre en question, d'où tous disparaîtront.
Tous ces Esprits mauvais, assurément iront
Expier dans des mondes vraiment moins avancés
Leur endurcissement tout-à-fait insensé.
Dans ces mondes qui sont tout-à-fait arriérés,
Ils devront travailler à leur avancement
Et puis n'en sortiront, très positivement,

Que lorsqu'ils se seront vraiment améliorés.
Dans ces mondes mauvais, sans doute ils formeront
Une race nouvelle ayant pour vraie mission
De faire progresser les Esprits immoraux
S'y trouvant incarnés; puis après, de nouveau,
Ils pourront en sortir pour un monde meilleur,
Aussitôt que, vraiment, ils l'auront mérité,
Et ainsi desuite (pour leur très grand bonheur),
Jusqu'au moment qu'ils soient tout-à-fait purifiés.
Si notre terre était pour eux un purgatoire,
Seront de vrais enfers les mondes en question,
Dans lesquels ils auront encore plus de déboires ;
Cela étant, pour eux, une vraie punition.

34

Tandis, assurément, que la *génération*
Proscrite va bientôt tout-à-fait disparaître
De dessus la terre, vraiment en progression,
Une génération nouvelle devra être
Élevée aussitôt, c'est tout-à-fait certain ;
Laquelle ne pourra avoir que des croyances,
Vraiment fondées sur le *Spiritisme chrétien.*
Certes, nous assistons (c'est de toute évidence)
A la transition qui s'opère en ce moment;
Laquelle est le prélude (en toute vérité)
De la rénovation de notre humanité,
Dont le Spiritisme marque l'avènement.

Augustin BABIN.

Tels sont les principes généraux très sensés
Du pur Spiritisme, doctrine dont Monsieur
A. Kardec a été l'unique initiateur.
Maintenant, c'est à tous nos Lecteurs bien aimés,
D'apprécier, *de juger* et puis *de décider*
Si cette Doctrine peut tout à-fait passer
Pour être *très sensée*, *sublime* et *consolante*,
Et si notre opinion est vraiment concluante;
Celle que nous avons émise et définie,
Dans l'AVERTISSEMENT de ce présent écrit.
Concernant notre *avis* ci-dessous désigné,
Par tous, assurément, nous serons approuvé.

AVIS

Au clergé catholique mettant son espérance
Dans la *foi aveugle* (véritable imprudence;
Disons que la *raison*, que DIEU nous a donnée,
Doit, *seule*, nous guider, en toute vérité.
Nous ne devons donc plus croire au *petit pigeon*,
Ni à la *trinité*, comme il est de raison.
En effet, premier dogme étant considéré
Comme une vérité; dans ce moment critique,
Le second, forcément, se trouvait annulé,
Et de plus, encore (cela, vraiment s'explique),
Le *Père* et puis le *Fils* privés du *Saint-Esprit*,
A l'état matériel, étaient vraiment réduits.
Mais alors, dans ce cas, qui gouvernait, enfin,
L'Univers tout entier, l'immensité sans fin?
Répondez, Messeigneurs, et convenez, vraiment,

Que *blasphématoires* sont vos enseignements ;
D'autant plus que, hélas ! votre dit *Saint-Esprit*
(Tous les mondes humains étant à l'infini)
Forcément, subirait l'obligation forcée
De rester, en tout temps, en pigeon transformé.
Franchement, vous devez convenir, Messeigneurs,
Que votre Trinité est un bien triste leurre ?...

Nota. — En disant que la *Trinité catholique n'est*
qu'un bien triste leurre, nous disons une vérité ayant
complètement sa raison d'être ; ainsi que nous allons le
prouver, en faisant connaître comment cette *Trinité* a
été décrétée par le Concile de Nicée, l'an 325 ; lequel
Concile fut, alors, convoqué par l'empereur Constantin
qui, à cette époque, était le *Pontif suprême des païens* ;
ce qui ne l'a pas empêché de présider ledit Concile. Ce
relevé historique est le suivant, extrait de l'ouvrage de
Monsieur Pétrucelli de la Gattina, intitulé : Le Concile.

Au commencement du IVme siècle, Arius, prêtre de
Constantinople, se déclara contre l'opinion déjà très ré-
pandue dans les masses ignorantes et crédules de son
époque, que Jésus-Christ était DIEU. Cette déclaration
ayant produit une très grande agitation populaire, l'empereur Constantin se décida à mettre un terme à cette
opposition pouvant avoir des conséquences politiques.
Il fit rédiger le symbole de son christianisme officiel, et
l'an 325 il convoqua un Concile œcuménique à Nicée,
en Bithynie.

Pour engager les Évêques à se rendre à son appel,

Constantin les fit inviter par des courriers spéciaux, qui portèrent la lettre impériale écrite par Asius. Puis, il échelonna sur toutes les routes des chevaux, des voitures, et mit de l'argent à la disposition des prélats pour le voyage. 2,048 évêques se rendirent à l'invitation de l'empereur, accompagnés d'un nombre prodigieux de diacres, de prêtres, de leurs femmes, de leurs filles et de curieux. Une partie des Pères était mariée. L'évêque de Rome, Sylvestre Ier, ne vint point. « Les Pères, dit l'historien Socrate, étaient ignorants et grossiers », en sorte que l'empereur les flanqua de sophistes et d'avocats pour les diriger. La formule du dogme étant toute prête, on commença à la discuter dans les réunions préalables.

1,730 évêques la repoussèrent et ne participèrent pas au Concile; 318, plus complaisants, l'adoptèrent, la session générale fut fixée.— AVIS ET RÉFLEXIONS.

La réunion devait avoir lieu dans une salle du palais impérial, car il n'y avait pas à cette époque de ces cathédrales majestueuses qui surgirent depuis. On avait mis des sièges uniformes pour les Pères du Concile et une chaise, au même niveau, pour l'empereur, mais en or massif et diaprée de pierreries.

Les évêques entrèrent dans la salle et restèrent debout. Constantin, couvert de pourpre, d'or et de bijoux, arriva plus tard, traversa solennellement l'assemblée et alla à son siège, à l'autre bout. Il fit un signe aux évêques de s'asseoir et s'assit. Il n'y avait ni président ni secrétaires désignés. L'empereur, en réalité dirigea les débats.

Singulier organe du Saint-Esprit ! car, à cette époque, Constantin était Pontife suprême des païens, ne comprenait que très imparfaitement le grec parlé par les évêques, et n'était pas encore chrétien.

Valérius eût, dans ce Concile, les fonctions équivalentes à celles remplies par M. de Gentz au congrès de Vienne : il rédigea les décrets dès que tous furent assis, Eusèbe de Césarée, ou d'Antioche, complimenta l'empereur. Constantin répondit en lisant un discours d'ouverture, qui devait servir de programme à la session, et exhorta les Pères à la modération et à la concorde. Cette invitation toutefois ne fut guère écoutée, car aussitôt la séance ouverte, elle se changea en ouragan, tous les évêques parlèrent à la fois pour s'accuser réciproquement. L'empereur les apaisa et jeta au feu les dénonciations qu'ils lui avaient présentées les uns contre les autres. Les débats sur la doctrine commencèrent.

Constantin n'imposa ouvertement aucune opinion ; il se borna à proclamer les décisions arrêtées et à les considérer comme définitives. Du reste, il avait formulé sa foi officielle, et ce ne fut *qu'après l'avoir acceptée que les Pères purent participer au synode...*

Cependant 22 évêques ariens avaient réussi à se glisser dans l'assemblée. Ils présentèrent un symbole arien. La majorité, non seulement le rejeta, mais le déchira. 20 de ces évêques abjurèrent, persuadés peut-être par un trait d'esprit de Constance, sœur de Constantin et arienne. A l'*omousios* qui signifie *consubstantiel*, elle conseilla de substituer *omoiousios* qui signifie *semblable quant à la substance.* Prodige d'un iota ! On se rendit.

Deux des évêques ariens néanmoins, SECOND de Ptolémaïque et THÉONAS de Marmarique, réfusèrent d'accepter toute espèce de transaction, malgré la peine de l'exil dont Constantin menaçait les dissidents. Et se fut ainsi que le mot *consubtantiel,* condamné au Concile d'Antioche contre Paul de Samssat, fut adopté par le Concile de Nicée ! ARIUS fut condamné et exilé. Constantin, par circulaire, signifia au monde chrétien les décisions du Concile, et le Christianisme impérial fut fondé. Plus tard, il est vrai, Constantin rappela ARIUS de l'exil et mourut arien.

Le mariage des prêtres fut respecté. — Avis à tous Messieurs les Prélats du Clergé catholique français.

Le Saint-Esprit seulement fut traité bien cavalièrement ; car on dit de lui : « Nous croyons au Saint-Esprit » tout court.

Deux Pères ariens ne signèrent pas les actes.

En revanche, deux Pères qui étaient morts pendant la session ne voulurent pas faire défaut. On mit la nuit les actes scellés sur leurs tombeaux, et le matin on les trouva signés...

Le Concile fut clos le 24 juillet.

A vous maintenant, Lecteurs, d'apprécier la valeur qu'on peut accorder à une telle *Trinité* reconnue par moins d'un cinquième des évêques qui s'étaient rendus à l'appel de l'empereur Constantin, qui a légué à notre humanité terrestre cette *triste et déplorable Trinité, qui n'est qu'un blasphème religieux et un vrai non sens qui déshonore notre humanité actuelle !...*

A. B.

III. DIVISION DES ESPRITS EN CINQ ORDRES PRINCIPAUX (1).

1er Ordre

Premier ordre comprend les esprits arrivés
A toute perfection, n'étant plus obligés
De subir de nouveau la réincarnation,
Se trouvant au plus haut degré d'épuration.
On les nomme *Esprits* purs, qui pour l'éternité
Doivent jouir, pour sûr, de la pure existence
Absolument morale et spiritualisée;
Puis, la plus heureuse, c'est de toute évidence.
Des Esprits vraiment *purs*, tout le bonheur suprême
Consiste à voir, aimer et puis comprendre DIEU ;
Ils sont ses Messagers et ses Ministres même,
Chargés de transmettre ses ordres en tous lieux.
Les mondes qui, pour eux, servent d'habitation,
Sont les mondes *divins*, tout à fait épurés ;
Ces mondes sans doute, d'après notre raison,
De toute création sont les plus élevés.

(1) Nous ferons remarquer ici, que ces cinq ordres principaux peuvent dans les mondes spirituels, se diviser en sous-ordres absolument nombreux, lesquels nous sont inconnus ; tandis que la plus simple raison humaine fait parfaitement comprendre la probabilité de la division générale que nous allons désigner.

2me Ordre

Deuxième ordre comprend les Esprits arrivés
Au degré supérieur de toute épuration,
Mais devant encore subir l'incarnation
Pour devenir enfin, tout à fait épurés.
Ces Esprits s'appellent : les *Esprits supérieurs,*
Et les mondes humains, leur servant de demeure,
Portent également le même nom, d'ailleurs.
Ces Esprits arrivés au faîte du bonheur
Dont tout Esprit quelconque un jour devra jouir,
Aux Esprits inférieurs commandent d'accomplir
Les ordres absolus de la DIVINITÉ,
Qui tous leur sont transmis, de toute éternité,
Par tous les Esprits *purs*, qui seuls assurément
Ont le droit d'approcher de l'Être *Tout-Puissant.*

3me Ordre

Troisième ordre comprend les Esprits épurés,
Inférieurs d'un degré aux Esprits supérieurs.
Chez eux tous domine la spiritualité ;
Ce qui les rend, alors, tant soit peu supérieurs.
Amour et sympathie les unissent entre eux ;
Ce qui rend cette vie plus heureuse pour eux,
Que la nôtre est pour nous, c'est de toute évidence.
Quant aux mondes humains, leur servant de demeure,
Nous devons convenir, d'après notre conscience,
Qu'ils ont tous droit au nom de *régénérateur.*

4me Ordre

Quatrième ordre comprend les Esprits mélangés ,

Dont notre humanité se trouve composée.
Nous est-il, en effet, possible d'ignorer
Que le bien et le mal se trouve figurer
Tout à fait mélangés dans notre humanité !
C'est que trop vrai, hélas ! et cette vérité
Est cause évidente que nous appellerons
Notre monde terrestre, un monde d'*expiations*,
Ainsi que d'épreuves. A nous donc, exilés,
De faire beaucoup mieux que par les temps passès,
Si nous voulons avoir le suprème bonheur
De ne plus retourner sur ce monde inférieur.
Et d'être, en même temps, alors autorisés
A pouvoir habituer l'un des susdésignés.

5ᵐᵉ ORDRE

Le dernier ordre enfin, lequel est le *cinquième*,
Est le plus matériel, et de plus, disons même
D'une infériorité tout à fait absolue.
La vie de ces Esprits étant à leur début,
C'est pourquoi on les dit les Esprits *primitifs*,
Qni n'ont rien à expier, n'ayant aucun passif.
Quant aux mondes humains, leur servant de demeure,
Ils ne peuvent porter qu'un nom semblable au leur.
Tels sont, amis Lecteurs, d'après notre raison,
Les ordres divisant les Esprits en question,
    Dans l'espace sans fin
      Où l'infini, enfin.
Nous allons, maintenant, donner l'explication
De ce que peut être la progression pour eux.
Règle générale: la plus simple raison

Nous dit que ces Esprits, plus ou moins malheureux,
Sont tous susceptibles de pouvoir progresser
Et d'arriver, enfin, au *but* tant désiré,
Celui qui consiste dans toute pureté ;
Loi des plus sublimes, qu'il nous faut admirer.
Dans ce cas, il leur faut subir l'incarnation
Dans une humanité, comme il est de raison ;
Laquelle est, en tout temps, d'autant plus épurée,
Que leur esprit lui-même est vraiment élevé.
Cette vérité-là, pour sûr, est éternelle ,
Et, de plus encore, tout à fait rationnelle.

A. B.

IV. APPEL SENSÉ

ADRESSÉ

A TOUS MM. LES SOUVERAINS DES ÉTATS D'EUROPE

Vous tous, grands Souverains des États de l'Europe,
Vous devez comprendre qu'un lugubre horoscope,
Par rapport à votre propre tranquillité,
Est facile à prédire (en toute vérité);
Si vous vous refusez à vouloir accorder
A vos propres sujets le beau Gouvernement
Auquel tous aspirent très positivement:
La République enfin, que doivent désirer

Tous les Peuples sensés de l'époque actuelle,
Qui, fort heureusement, ont assez d'instruction
Pour ne plus consentir à rester en tutelle,
Et ne plus devenir la triste possession
D'un Prince souverain par le droit d'héritage.
Leur ferme volonté (en cela, ils sont sages) :
C'est de vouloir choisir leurs Gouvernants eux-mêmes:
Franchement pouvez-vous, Messieurs les Souverains,
En cela les blâmer, et puis vouloir vous-mêmes
Leur ôter un tel droit, sacré et puis humain?
Si c'est votre désir, *soyez tous persuadés*
Que les plus grands malheurs vous seront réservés
Dans un temps plus ou moins prochain, assurément,
Non seulement pour vous, mais aussi pour les vôtres.
Dans le cas contraire, vous vous rendrez, vraiment,
Aussi honorables que nos anciens apôtres;
Puisque, pour le civil, vous ferez ce qu'eux-mêmes
Ont fait pour le moral religieux et suprême.
Alors, vous pourrez tous, dans notre histoire humaine,
Être considérés comme les *bienfaiteurs*
De notre humanité (chose vraiment certaine).
Tous vos noms illustrés jouiront des faveurs
De l'immortalité, et une récompense,
Immense assurément, vous sera accordée
En dehors de la vie actuelle (1) et puis bornée.
Cela, sans aucun doute, est de toute évidence,

(1) Concernant la liberté poétique dont nous faisons usage
ici, consulter la page 35 de cet écrit.

Étant absolumet conforme à la justice
De la DIVINITÉ qui punit l'injustice.
Rappelez-vous, Princes, que Jésus-Christ a dit :
Malheur aux ambitieux, honneur aux affligés.
En s'exprimant ainsi, le Christ, sans contredit,
A voulu enseigner ces grandes vérités :
C'est que tout incarné, qui veut s'améliorer,
Doit à l'humanité forcément sacrifier
Son intérêt propre, purement personnel.
C'est l'unique moyen pour plaire à l'ÉTERNEL,
Qui, positivement, est notre *unique* PÈRE;   [frères.
Nous sommes donc, vraiment, *vous* et *nous*, de vrais
Mais, alors, pourquoi donc vous arroger le droit
(Absolument coupable et injuste à la fois)
De vouloir gouverner, par un droit d'héritage,
Vos frères qui, souvent, possèdent en partage
Un savoir plus complet et plus moral, enfin,
Que celui possédé par vous tous, Souverains?
Semblable anomalie, à l'époque actuelle,
N'a plus sa raison d'être, et positivement,
Des malheurs effrayants, comme pur châtiment,
Vous accableront tous (vérité éternelle);
Si votre ardent désir, coupable de méfaits,
Vous décide à vouloir contrecarrer la Loi
Divine du progrès, pur article de foi,
Pour le plus grand nombre de vos humbles sujets,
Et de plus, encore, tout à fait sans réplique.
Avec eux, criez donc: *Vive la République!*
Si vous ne voulez pas devenir les victimes
D'un Peuple en colère, capable de commettre   [crimes.

(L'histoire vous l'apprend) vraiment les plus grands
La prudence, Messieurs, vous force à vous soumettre,
Ou sinon vous serez vous-mêmes les bourreaux
De ceux qui vous sont chers. Forcément, il le faut,
Si vous voulez pour vous et de plus tous les vôtres,
La vraie tranquillité, le bonheur des apôtres...

Augustin BABIN.

V. RÉFLEXIONS RATIONNELLES ET SENSÉES

SUR LES TROIS

GOUVERNEMENTS DE NOS PRÉTENDANTS

Toutes ces réflexions vont réduire, Lecteur,
Très positivement à leur juste valeur,
Tous les Gouvernements dont notre *belle France*
A subi autrefois la funeste influence.
Au vrai nombre de trois, ils doivent se compter,
Nombre que nous allons ici vous désigner.
Citons, en premier lieu, l'ancienne royauté;
Puis l'Orléanisme, plein de cupidité;
Puis, enfin, l'Empire, l'un des plus misérables.
Le *premier* des trois, le plus longtemps stable,
Ou bien la royauté, a eu l'*ignominie*
De diviser, hélas! les *Citoyens français*,
En nobles et vilains, véritable infamie

Qui causa, en tout temps, tous les plus grands excès.
De plus, encore, il faut vraiment lui reprocher
Son droit d'hérédité que l'on doit mépriser.
La raison en est simple et de toute évidence :
C'est parce qu'en effet, contre toute prudence,
L'héritier présomptif (qu'il fut intelligent
Ou qu'un simple imbécile) était de par la loi
Le *maître souverain*, presque toujours tyran,
Accablant les Peuples par de tristes exploits.
A cette époque, hélas! le Peuple, en vérité,
Comme un simple bétail était considéré.
Pouvons-nous, dans ce cas, regretter *sensément*,
Un aussi funeste, triste Gouvernement ?...
Le *second*, maintenant, nommé Orléanisme
(De tous le plus avare), a lâchement subi
Dans l'affaire Pritchard un arrogant défi;
Tandis que de sa part, un peu moins d'optimisme
En cette circonstance, aurait eu l'avantage
D'éviter à la France un si funeste outrage.
Mais là n'est pas encore, hélas! ami Lecteur,
Le plus grand reproche que l'on puisse adresser
A tous ses prétendants, qui, plus tard (oh! horreur),
Ont eu l'*ignominie* de venir réclamer
A la France *endettée*, par la Prusse *écrasée*,
La très forte somme de *quarante millions*.
Après un tel fait, peut-on, en vérité,
Être vraiment FRANÇAIS et avoir l'ambition
De vouloir pour la FRANCE un tel Gouvernement ?...
Maintenant, le *troisième*, infâme absolument,
A eu la lâcheté d'expulser de la FRANCE

(A l'aide de moyens d'une extrême impudence),
Dix mille Citoyens des plus patriotiques,
Vraiment dignes de tous les honneurs dits civiques.
Aussi, nos deux Chambres (celle des députés
Et celle du Sénat) ont sagement jugé
Devoir dédommager d'un acte aussi infâme,
Tous les infortunés qui furent les victimes
Du plus *misérable*, du plus *odieux* des crimes.
Mais là n'est pas encore, hélas! l'unique blâme
Que l'on puisse adresser à ce Gouvernement,
Ambitieux et, de plus, tout à fait impudent.
En effet, son audace et son orgueil outrés
Lui ont fait commettre, de tous les plus grands crimes,
Très positivement, le plus exagéré,
Dont notre belle France a été la victime;
Cela, en déclarant, sans être préparé,
Une guerre à outrance à l'Empire Allemand;
Lequel, depuis longtemps (en toute vérité)
Y était préparé, très positivement.
Après cela, Lecteurs, est-on vraiment Français
En désirant ravoir un tel Gouvernement;
De tous, le plus infâme et puis assurément
Tout le plus immoral par ses honteux excès?...
A nos trois demandes, absolument sensées,
Répondez, chers Lecteurs, avec sincérité,
Et dites-nous, enfin, si ces Gouvernements
Ont leur raison d'être, moralement parlant?...

                                        A. B.

VI. VIVE LA RÉPUBLIQUE

Vive la République est le cri très sensé
De tout Peuple qui est vraiment civilisé ;
Ce qui, pour notre FRANCE, existe maintenant.
Ce que nous disons là est vraiment évident,
Si nous en exceptons une minorité
Salement composée et puis fort peu sensée,
Très peu patriotique et formant trois partis (1),

(1) Si nous ne parlons pas ici du parti Boulanger (parti
de désordre et d'indiscipline), c'est parce que nous pensons
que sa durée ne sera qu'éphémère. Dans le cas contraire, il
nous faudrait, hélas ! par trop douter du *bon sens* du Peuple
français qui, alors, ne demanderait qu'à être *tondu.* Pour
donner la preuve de ce que nous disons, il suffit de prendre
connaissance de l'article suivant, que nous extrayons du
journal la *Paix.* numéro du 14 mai 1888, qui, lui-même, l'a
extrait du journal le *Siècle :*

BOULANGER ET Cⁱᵉ

« La Société Boulanger, Laguerre, Thiébaud et Cⁱ, a déci-
dément arrêté le plan de ses émissions financières. Elle crée
des bons de caisse de *vingt-cinq mille francs,* remboursables
au prix de *cinquante mille francs,* le jour de l'avènement d
l'ex-général.

« C'est la FRANCE mise en actions comme une mine de
charbon ou une carrière de bitume. »

Qui, naturellement, seront forcés un jour
De quitter habit vieux pour prendre pour toujours,
L'habit républicain, ou bien, autrement dit
D'accepter *franchement* et puis *loyalement*
La *République* qui, de tous Gouvernements,
Est la *seule* possible à l'époque actuelle.
Vérité évidente et de plus éternelle,
Ainsi que nous l'apprend de toute antiquité,
L'histoire des Peuples les plus civilisés.
Les Peuples, en effet, une fois arrivés
A notre état moral, puis intellectuel
Sont toujours, chers lecteurs, forcément amenés
A ce Gouvernement tout à fait rationnel ;
Lequel, assurément, est le plus épuré
De tous CEUX dont jouit notre humble humanité.
A nous donc, *Electeurs*, de prendre la défense,
Avec tout dévouement et puis avec prudence,
Dudit Gouvernement qui, *seul*, nous rend tous *frères;*
But final, qu'il nous faut ardemment désirer.
Pour nous tous qui sommes enfants du même PÈRE ,
C'est un devoir sacré qu'il nous faut observer,

Maintenant, Peuple français des campagnes, si vous dési-
rez *éviter* aux prêteurs une perte pécuniaire et plus tard,
assouvir la cupidité des chefs de l'entreprise, votez pour le
Général indiscipliné qui prétend que la FRANCE doit être gou-
vernée par le sabre, autrement dit privée de toutes ses libertés
politiques ..

A. B.

Pour pouvoir éviter tous les maux du passé,
Qui font vraiment frémir, en toute vérité.

  En effet, l'on peut dire,
  Qu'en tout temps, chers Lecteurs,
  Rois et puis Empereurs
  (De triste souvenir)
  Furent du pauvre monde
  Des sangsues se gorgeant,
  Sans pitié et sans honte,
  Des valeurs en argent
  Que peines et travaux
  Pouvaient lui procurer.
  Aujourd'hui tous ces maux
  Que l'on doit redouter,
N'ont plus leur raison d'être avec la République,
Le vrai Gouvernement (c'est vraiment sans réplique)
Paternel du Peuple et puis son bienfaiteur,
Ne songeant qu'à lui plaire et qu'à lui procurer
Ce qui peut l'éclairer et puis l'améliorer,
Dans son propre intérêt et pour son vrai bonheur.
Nous devons donc l'aimer et prendre sa *défense*
Contre ses détracteurs et tous les ambitieux
Dont les tristes projets auraient le but odieux
De vouloir en priver notre *bien-aimée* FRANCE.
A tous ses ennemis, faisons cette réplique,
Qui doit nous unir tous : VIVE LA RÉPUBLIQUE !

         A. B.

EXTRAITS DE L'*ART POÉTIQUE*

DE

Nicolas Boileau-Despréaux (1).

Pages

191. Sans cesse en écrivant *variez* (2) vos discours.

192. Il est un heureux choix de mots *harmonieux.*
Fuyez des mauvais sons le concours *odieux.*

195. Il réprime des mots l'*ambitieuse* emphase;

De ce vers, direz-vous, l'*expression* est basse.

196. Et, sans mêler à l'or l'éclat des *diamans:*

Telle est de ce poème et la forme et la *grâce.*
D'un ton un peu plus haut, mais pourtant sans *audace*

197. Elevant jusqu'au ciel son vol *ambitieux.*

203. Des siècles, des pays *étudiez* les mœurs

205. Poursuivre sur les flots les restes d'*Illion.*

(1) Tous ces extraits ont été pris dans l'*Art poétique* de Boileau, édition 1864 de la librairie Hachette et Cⁱᵉ, Paris. D'après cela, les pages désignées dans cet extrait ne peuvent donc servir que pour cette édition sus-désignée.

(2) Observation à faire sur les mots *soulignés.*

206. Laissons-les s'applaudir de leur *pieuse* erreur.

207. Me dit d'un ton aisé, doux, simple, *harmonieux :*
« Je chante les combats et cet homme *pieux.*

208. Virgile, au prix de lui, n'a point d'*invention ;*
Homère n'entend point la noble *fiction.*

210. Est prompte à recevoir l'*impression* des vices;

Étudiez la cour et connaissez la ville;

211. Laissant de *Galien* la *science* suspecte,

212. Gardez-vous d'imiter ce rimeur *furieux*
Qui, de ses vains écrits lecteur *harmonieux,*
Etc., etc.

Nota. — Maintenant, chers Lecteurs, que vous avez pris connaissance des extraits précédents, dites-nous franchement, si nous sommes dans l'erreur, en prétendant que nos *Nouvelles règles poétiques sont supérieures aux anciennes?...*

Au surplus, pour mieux vous renseigner, à cet égard, nous allons vous donner connaissance de l'article suivant du *Grand Dictionnaire universel,* de M. Lachâtre ; article se rapportant à l'Art poétique.

« L'art poétique, dit cet illustre écrivain, est la théorie de la poésie, comme la rhétorique est la théorie de l'éloquence ; il est l'ensemble des règles, la collection des préceptes qui peuvent aider le poète dans ses diverses compositions. Faire une bonne poétique, un bon code littéraire, a été, de tout temps, la

préoccupation sérieuse et constante des grands esprits
et des intelligences puissantes. Mais peu, il faut le
dire, sont arrivés au juste, au vrai, à l'immuable.
On a voulu s'en tenir aux quatre *poétiques* d'Aristote,
d'Horace, de Vida et de Boileau, réunis par Batteau
en un volume classique; on a crié bien haut et souvent, ridiculement, lorsque des *novateurs* ont voulu
se débarrasser et débarrasser les autres de ces règles
inflexibles, bonnes pour une époque peut-être, mais
en tout cas *surannées, insuffisantes, étroites* et *sèches;*
comme si le code poétique était immuable; comme si
ses lois ne devaient pas avoir la variété des opinions
humaines, etc., etc.   « M. L. »

Maintenant pour vous convaincre, amis Lecteurs,
que les *anciennes règles poétiques* ne sont pas infail-
libles, nous vous ferons remarquer que, d'après elles,
les mots : point, coin, soin, rien, bien, mieux, lieux,
vieux, fier, pied, etc., ne forment qu'*une seule syllabe ;*
tandis que, toujours d'après les mêmes règles, les mots:
action, fiction, violent, diamant, piété, furieux, vicieux,
odieux, varier, altier, magniés, etc., en forment *trois ;*
ce qui n'empêche pas qu'elles n'accordent que *deux syllabes* aux mots : grossier, entier, quartier, etc. Véritables *anomalies syllabiques* qui nous paraissent *contra-
dictoires.*

A vous, maintenant, Lecteurs, d'*apprécier*, de *juger*
et de *décider* si nous sommes réellement dans l'erreur,
en prétendant que nos *Nouvelles règles poétiques sont
supérieures aux anciennes?...*   A. B.

OBSERVATION IMPORTANTE.

Une observation très importante est à faire ici : c'est que la lecture de la prose et de la poésie doit se faire d'une manière tout-à-fait différente. Ainsi, par exemple, en lisant une prose quelconque, le lecteur *intelligent* doit toujours tenir compte de la ponctuation, comme arrêts dans sa lecture; ce qui, forcément, ne doit pas exister dans toute lecture poétique, principalement lorsque ce sont des vers alexandrins dont on fait la lecture; dans ce cas, l'arrêt est *absolument indispensable* entre les deux hémistiches des vers en question, autrement dit à leur moitié; que cette moitié soit ponctuée on non ponctuée...

AUGUSTIN BABIN.

DEUXIÈME INNOVATION

AVIS A NOS LECTEURS

Nous vous donnons, Lecteurs, dans les pages suivantes,
Une définition tout à fait importante;
De la *vraie* formation, sur tout globe terrestre,
De toute lumière, puis de toute chaleur.
Juste définition qu'aucun savant (du reste)
De tous les temps passés, n'ont jamais eu l'honneur
De pouvoir découvrir; ce qui (en vérité)
Est vraiment étonnant, vu sa simplicité.

    D'où nous devons conclure,
    En toute vérité,
    Que, certes, le passé
    Vaut moins que le futur,
    Que même le présent;
    Cela, c'est évident.
    Évitons donc le vice
    D'imiter l'écrevisse...

Comme preuve, Lecteurs, que tous nos grands savants,
De tous les temps passés, n'ont, positivement,
Aucunement connu cette définition;
Ainsi que notre illustre écrivain FLAMMARION.

Dans la page qui suit
De ce présent écrit,
Lisez notre renvoi,
Vrai preuve par surcroît.
De plus, amis Lecteurs, il vous sera donné
Une définition rationnelle et sensée
De la *vraie vitesse*, dans l'espace sans fin
(Dedans et puis hors de notre atmosphère, enfin).
De tous rayons solaires
Et de plus planétaires.
Définition sensée,
Que tous nos grands savants,
Tant ceux du temps passé,
Que ceux du temps présent,
N'ont jamais eu l'idée
D'enseigner de leur temps;
Ce qui (en vérité)
Est vraiment étonnant.
Au surplus, chers Lecteurs, prenez-en connaissance
Et vous serez, après, tout à fait convaincus
Que la pure raison, la plus simple prudence
Vous forcent d'admettre comme chose reçue,
La *double innovation* ci-dessus désignée
Et qui ne peut être *sensément* discutée.

A. B.

———

RÉFLEXIONS SCIENTIFIQUES

SUR LA PRODUCTION DE LA LUMIÈRE ET DE LA CHALEUR
SUR UN MONDE TERRESTRE QUELCONQUE
SUIVIES DE LA VITESSE DE LA LUMIÈRE
DANS LES ESPACES SANS FIN, ETC.

CHERS LECTEURS,

Les *réflexions scientifiques* qui font le sujet de cet article, sont une véritable *innovation* que nous avons émise : 1° sur la *production de la lumière et de la chaleur* sur un globe terrestre quelconque; 2° sur la *vitesse de la lumière* dans les espaces sans fin; 3° sur la *puissance de vision* toute personnelle de la vue humaine.

Quant à la production sus-désignée — production inconnue de nos savants jusqu'à ce jour (1) — vous

(1) Comme preuve de ce que nous avançons, il nous suffira de citer le passage suivant, extrait des *Contemplations scientifiques* de M. CAMILLE FLAMMARION, page 270 :

6

serez, probablement, tout à fait étonnés que notre
manière de voir, à ce sujet, n'ait pas été reconnue
plus tôt ; tellement elle est *rationnelle* et absolument
conforme au plus simple *bon sens* ; au point même,
d'être absolument indiscutable, du moins d'une manière rationnelle. En effet, elle *seule* peut donner
l'explication de cette grande et sublime vérité, qu'il
serait véritablement *ridicule* de vouloir discuter :
« C'est que la *chaleur* et la *lumière* éprouvées sur un
globe terrestre quelconque, ne dépendent nullement de
son plus ou moins grand éloignement de l'astre radieux,
régénérateur du système solaire ou tourbillon dont il
fait partie ; mais bien de la composition de l'atmosphère dudit globe terrestre, en *azote* et en *oxygène*,
dont le premier est anti-lumineux et anti-calorifique;
tandis que le second (l'oxygène) est le gaz lumineux
et calorifique par excellence. » D'après cela, nous
devons rationnellement admettre que chacun des
mondes planétaires de notre système solaire peut
posséder, quelle que soit sa distance de notre Soleil,

« En effet, jusqu'à présent, les physiciens les plus acré-
dités et les savants les plus estimés de toutes les Académies
du globe n'ont encore pu s'entendre pour décider en quoi
consiste l'agent qui nous fait voir. Leurs meilleures défini-
tions ressemblent à celles dont parlait VOLTAIRE à propos de
la grâce, lorsqu'il disait que, de toutes les explications publiées
par les théologiens, la meilleure était celle du jésuite Bou-
HOURS qui pensait que c'est un « je ne sais quoi »

une végétation et une température, soit inférieures à
celles du globe terrestre (comme cela doit arriver
pour Mercure et Vénus), soit plus ou moins supérieures à *celles* de notre dit globe terrestre., comme
cela doit probablement exister pour Jupiter, Saturne,
Uranus et Neptune, et peut-être même pour Mars,
qui se trouve avoir deux lunes ou satellites ; tandis
que notre Terre n'en a qu'une.

Maintenant, pour vous donner une preuve absolument convaincante de l'extrême rationalité et indiscutable réalité de notre manière de voir (qui, nous le
répétons, est une véritable *innovation*), il nous suffira de vous faire observer que sous l'équateur, les
neiges perpétuelles existent à 4,800 mètres de hau-
teur ; nous devons donc forcément admettre la conclusion suivante : c'est que les rayons solaires (pour
l'Être humain, s'entend, et pour mieux dire, pour
tous les êtres vivants de notre globe terrestre), n'ont
aucune *chaleur* en dehors de notre atmosphère, et
qu'ils sont, au contraire, d'autant plus chauds qu'on
se rapproche davantage de la surface de notre globe
terrestre. D'après cela, le plus simple *bon sens* ne
nous fait-il pas comprendre, que c'est la combinaison
de ces mêmes rayons solaires avec l'oxygène de
notre atmosphère, qui, pour nous, produit la chaleur,
et que ladite chaleur doit être d'autant plus faible
qu'on s'élève davantage dans l'espace, et *vice versâ;*
ce qui est dû à la plus ou moins grande densité des
différentes couches atmosphériques, laquelle densité

diminue graduellement à mesure qu'on s'élève dan
ledit espace.

Pour la *lumière*, le raisonnement est absolumen
le même et aboutit à la même conclusion, c'est-à-dir
que la lumière est d'autant plus éblouissante, que la
combinaison des rayons solaires avec l'oxygène de
notre atmosphère se produit près de la surface terrestre et *vice versa*. De tout ce que nous venons de
dire, nous devons naturellement tirer l'importante
conclusion suivante: c'est que l'intensité calorifique
et lumineuse des rayons solaires, sur un globe terrestre, ne dépend pas, comme cela en a été de tout
temps la ridicule croyance, du plus ou moins grand
éloignement de ce globe de l'astre radieux, mais bien
(nous le répétons) de la composition de l'atmosphère
dudit globe en *azote* et en *oxygène ;* laquelle composition n'est probablement pas la même, pour chacune
des planètes de notre système solaire. D'après cela,
comme nous savons que les propriétés physiques de
ces deux gaz sont entièrement opposées les unes aux
autres, nous devons admettre la probabilité suivante :
c'est que l'atmosphère de chacune des huit planètes
de notre système solaire, doit posséder d'autant plus
d'*azote* que ladite planète est plus rapprochée de notre
Soleil, et *vice versâ*. D'où la conclusion toute naturelle: que la planète la plus éloignée de l'astre radieux
qui nous éclaire et réchauffe en même temps, peut parfaitement bien jouir, à sa surface, d'une intensité lumineuse et calorifique de beaucoup *supérieure* à celle
qu'éprouve la planète la plus rapprochée dudit astre

radieux. En effet, du moment que nous savons que l'atmosphère de notre globe terrestre, à son état de plus grande pureté, est composée de 21 parties d'oxygène et, à très peu près, de 79 parties d'azote (1), nous devons supposer que la planète Neptune (celle qui est la plus éloignée de notre Soleil, d'après nos connaissances actuelles) doit probablement posséder une atmosphère beaucoup plus oxygénée que la nôtre. D'où la conclusion naturelle : que l'intensité lumineuse et calorifique que cette planète éprouve, peut être supérieure à *celle* que nous éprouvons sur notre globe terrestre, voire même à *celle* de Mercure, qui est la planète la plus rapprochée dudit Soleil.

Ce que nous venons de dire a d'autant plus sa raison d'être, que cela fait parfaitement comprendre, que les globes terrestres les plus importants de notre système solaire (tel est Jupiter, possédant *quatre* lunes et ayant un diamètre de plus de onze fois supérieur à celui de la terre, dont il égale *quatorze cents* fois la grosseur; tel est encore Saturne, avec son immense anneau et ses *huit* lunes, etc., etc.) doivent évidemment posséder une température et une lumière infiniment supérieures à *celles* que nous éprouvons sur notre petit globe terres-

---

(1) Nous ferons remarquer, ici, que le premier de ces deux gaz représente le principe vital par excellence; tandis que le second est absolument anti-vital et a pour but de *tempérer* l'action trop active des rayons solaires combinés avec le premier ou l'oxygène.

tre. Le plus simple *bon sens*, du moins, doit le faire comprendre ainsi. Au surplus, l'immense espace dépendant de notre tourbillon, qui se trouve exister au delà de Neptune (1), et puis, ensuite, la proportion excessivement intime qu'offre le *volume total* de tous les corps célestes de notre dit tourbillon par rapport au *volume* de notre Soleil (ce rapport est comme 1 est à 500 et même davantage), suffisent grandement pour nous faire admettre qu'un plus grand nombre de planètes dépendant de notre système solaire, doit probablement exister au delà de la planète Neptune sus désignée.

Cette très rationnelle probabilité admise, une dernière fois pour toutes, nous le demandons franchement à tous nos Lecteurs, quels qu'ils soient : l'extrême importance de la définition que nous donnons de la *production* de la lumière et de la chaleur, peut-elle un seul instant être mise en doute, et ne serait-ce pas vouloir se mettre en contradiction avec le plus simple *bon sens* que de la rejeter ? D'autant mieux que l'extrême importance des conséquences

---

(1) Cet *espace* est tellement immense, en effet, qu'il est officiellement reconnu par tous les astronomes un peu en renom, comme étant égal à *huit mille fois* la distance de la planète Neptune au Soleil. Comme l'on voit, pour l'établissement de *nouvelles planètes,* la moitié de cette distance offre encore un espace considérable, et qui probablement ne doit pas être complètement vide.

qui en découlent, nous oblige forcément à l'accepter. En effet, avec elle, ce n'est plus la distance d'une planète à son soleil qui règle *l'action régénératrice* qu'elle en reçoit ; c'est la composition même de son atmosphère, qui peut être plus ou moins *oxygénée* et peut par conséquent posséder les propriétés voulues pour se trouver en rapport de *pureté* et de *valeur* avec l'une des planètes quelconques, quels que soient son importance et son éloignement de l'astre radieux. Cette manière de voir (nous le répétons une dernière fois) nous paraît tellement *rationnelle* et conforme au plus simple *bon sens,* que nous sommes intimement convaincu que la très grande majorité de nos Lecteurs sera de notre *avis.*

Après vous avoir donné connaissance, chers Lecteurs, de notre très importante *innovation* sur la *formation* de la lumière et de la chaleur (1) sur un globe terrestre quelconque ; nous allons maintenant, vous donner connaissance d'une très grande et très grave *erreur* (qui même en réalité, doit être considérée comme une véritable absurdité) commise par tous les astronomes des temps passés et tous ceux

(1) Nous ferons remarquer ici, à nos bien aimés Lecteurs, que c'est à ces deux gaz que toutes les planètes de notre système solaire doivent leur double mouvement de *rotation* et de *révolution.* — Pour en avoir la preuve convaincante, consulter nos *Notions d'astronomie* de 1885, ou bien encore, notre *Poème astronomique* de la même année.

de notre époque actuelle ; principalement, par M.
Camille Flammarion, l'un des plus grands astronomes de notre XIXᵉ siècle. Cet illustre écrivain (dont
les très nombreux ouvrages jouissent, du reste,
d'une réputation grandement méritée) a eu la malheureuse pensée, en effet, d'émettre et même d'af-
firmer dans ses écrits astronomiques, cette *regrettable*
et *grave erreur scientifique,* que la moindre réflexion,
cependant, lui aurait évité de commettre, si son esprit
(réellement des plus capables) avait consenti à prendre
au sérieux la plus importante (spirituellement parlant)
de toutes les sciences humaines, la *science astronomique.* Cette erreur excessivement grave (nous le
répétons) est celle-ci: c'est de prétendre que la *lumière solaire* et *celle* des étoiles ne parcourent dans
l'espace que 77,000 lieues par seconde; ce qui l'amène,
ensuite, à en tirer les deux conséquences suivantes,
qui nous paraissent absolument *irrationnelles:*

1° *C'est de prétendre que la lumière de certaines
étoiles de notre nébuleuse doit mettre des années, des
siècles, voire même des milliers d'années, pour parvenir
jusqu'à nous;*

2° *Que des étoiles peuvent ne plus exister depuis des
années, des siècles et même des milliers d'années, et,
malgré cela, nous être encore visibles, à notre époque
actuelle.*

Franchement, chers Lecteurs, vous avouerez qu'il
faut être vraiment peu sérieux pour émettre une telle
opinion, dans un ouvrage réellement scientifique. Cependant (ainsi que nous l'avons déjà dit, et dont nous

donnerons, tout à l'heure, des preuves convaincantes), cela est arrivé à M. Camille Flammarion qui, dans ce cas, reproduit tout simplement les plaisanteries scientifiques du très plaisant, mais peu sérieux écrivain, Cyrano de Bergerac. Sans doute, de tels écrits font rire; seulement, cela ne les empêche pas d'être absolument défectueux, du moment qu'ils tendent à ridiculiser une science qui devrait nous faire rentrer en nous-même, et, de plus, sérieusement réfléchir. Quant aux preuves sus-désignées, elles sont les suivantes :

1° Pages 255 et 256 des *Contemplations scientifiques* de M. Camille Flammarion, nous lisons :

« Le fait le plus extraordinaire qui résulte de la connaissance de la vitesse de la lumière, c'est que nous savons en astronomie que nous ne voyons dans le ciel aucun astre dans son état actuel. Nous ne connaissons les astres que par la lumière qu'ils nous envoient, et nous ne recevons leur lumière qu'un certain temps après qu'elle est envoyée. La différence est faible pour les mondes de notre système solaire, car un rayon lumineux vient du Soleil en 8 minutes et 13 secondes, et de Neptune, la dernière planète du système, en 4 heures seulement.

« Mais cette différence est très sensible pour les étoiles, même les plus rapprochées. Ainsi la lumière de notre voisine, *Alpha du Centaure*, n'emploie pas moins de 8 ans et 8 mois à traverser le désert qui nous en sépare. La lumière de *Véga* (Alpha de la Lyre) n'arrive qu'après 21 ans de vol incessant; celle

d'Acturus, une autre voisine, qu'après 26 ans; celle
de l'Étoile polaire, après un demi-siècle; celle de la
Chèvre ou *Capella*, après 72 ans. Nous voyons donc
cette dernière étoile, non telle qu'elle est aujourd'hui,
mais telle qu'elle était au moment où partit le courrier
qui nous apporte sa photographie, etc., etc. »

2° Pages 199 et 200 de la *Pluralité des mondes*,
du même auteur, nous lisons :

« On comprendra facilement devant ce tableau (l'auteur vient de parler du nombre considérable des
étoiles qui sont comprises dans notre nébuleuse) et
en se rapportant aux distances réciproques des étoiles
disséminées dans l'étendue, que la lumière de certaines étoiles emploie 1,000, 10,000, 100,000 années à
venir jusqu'à nous, tout en parcourant 77,000 lieues
par seconde (1). »

3° Page 206 du même ouvrage, nous lisons encore
les réflexions suivantes, sur les voies lactées comprises dans l'immensité infinie :

« Il y a dans le ciel un grand nombre de voies

_____

(1) Une importante observation est à faire ici : c'est que,
positivement, l'on a pas assez tenu compte jusqu'à ce jour,
de la puissance de vision que doit posséder la vue humaine;
laquelle puissance de vision lui permet de distinguer dans
l'espace, les objets éclairés et cela, à des distances plus ou
moins considérables, selon la vue de chacun. En terminant
cet article, nous en donnerons des preuves matérielles qui
nous paraissent tout à fait convaincantes.

lactées, semblables à la nôtre, éloignées à de telles distances, qu'elles deviennent imperceptibles à l'œil nu. Si l'on demandait à quelle distance la nôtre devrait être transportée d'ici, pour nous offrir l'aspect d'une nébuleuse ordinaire (sous-tendant un angle de 10'), nous répondrions avec Arago qu'il faudrait l'éloigner à une distance égale à 334 fois sa longueur. Or cette longueur (52,400,000,000,000 de lieues) est telle, que la lumière n'emploie pas moins de 15,000 ans à la traverser. A la distance de 334 fois cette dimension, notre nébuleuse serait vue de la terre sous un angle de 10', et la lumière emploierait à nous en arriver 334 fois 15,000 ans, ou 5,010,000 années, etc., etc. »

Nous ferons remarquer ici, que si M. Camille Flammarion, l'un des plus grands astronomes de notre siècle actuel (nous le répétons), avait tant soit peu réfléchi; avant d'émettre de semblables opinions, il aurait immédiatement reconnu que les *rayons solaires*, ou que *ceux* d'une étoile quelconque, ont deux vitesses essentiellement différentes dans l'espace qui nous sépare de ces astres. En effet, le plus simple *bon sens* ne nous fait-il pas comprendre que cette vitesse doit être essentiellement différente dans les atmosphères terrestres et hors de ces dites atmosphères (1). Ainsi, par exemple, dans le second cas,

_____

(1) Refuser d'admettre cette rationnelle vérité, ce serait raisonner comme celui qui prétendrait que la vitesse de

celle vitesse doit être, pour ainsi dire, instantanée pour toute distance; tandis qu'elle doit être plus ou moins lente dans les atmosphères terrestres, suivant leur composition en oxygène et en azote; c'est-à-dire d'autant moins lente, que lesdites atmosphères sont riches en oxygène et *vice versâ*.

D'après cela, nous ne trouvons aucunement ridicule d'admettre que les rayons de notre Soleil peuvent parfaitement bien parvenir, en moins de temps, aux habitants de Neptune (la planète de notre système, la plus éloignée du dit Soleil, d'après nos connaissances actuelles), qu'à ceux de Mercure, celle de nos planètes qui en est le plus rapprochée. En effet, la différence infime de temps que les rayons solaires mettent à parcourir les deux distances essentiellement différentes comprises entre leurs deux atmosphères (si toutefois il en existe une), peut être largement compensée par la différence de vitesse de ces mêmes rayons, dans l'une et l'autre atmosphère de ces deux planètes, dont la composition, forcément,

chute des corps serait la même, soit qu'elle se produise dans une atmosphère terrestre ou dans le vide; ce qui serait une absurdité des plus avérées, du moment que toutes nos expériences en physique prouvent le contraire. En effet, ces expériences ont donné la preuve absolue que deux balles différentes (dont l'une en liège et l'autre en plomb) ont une vitesse de chute exactement semblable dans le vide complet; ce qui est loin d'exister, si cette chute se produit dans notre atmosphère terrestre ..

ne doit pas être la même, sous le rapport de l'oxygène et de l'azote, qui sont leurs deux principaux
éléments. Même conséquence à tirer pour la lumière
des étoiles en général, dont la facilité de combinaison
des rayons avec l'oxygène des atmosphères terrestres, doit diminuer de plus en plus, suivant leur plus
grande distance...

Ainsi que nous l'avons dit dans notre renvoi de la
page 90, nous allons, maintenant, donner connaissance à nos Lecteurs, des preuves rationnelles et
convaincantes que la vue humaine doit, positivement,
jouir d'une puissance de vision (1) lui permettant de
distinguer les objets éclairés et cela, à des distances
plus ou moins considérables, selon le genre de vue
de chacun. Ces preuves sont au nombre de quatre :

1° C'est que, lorsqu'il arrive que la planète Mercure passe devant le Soleil, par rapport à nous,
nous apercevons tout le temps de son passage (en
nous servant d'un simple verre absolument noir,
pour préserver notre œil des rayons solaires) un
corps noir ayant exactement la même grosseur et le
même mouvement que l'astre avait auparavant dudit
passage. Preuve évidente que c'est notre vue qui se
transporte jusqu'à l'astre en question et non pas ses
rayons qui parviennent jusqu'à notre œil.

(1) Nous ferons remarquer ici, que la lumière seule suffit
pour lui donner cette puissance de vision, laquelle ne peut
naturellement, lui être refusée.

2° Si la nuit, nous regardons un espace quelconque de l'immensité, immédiatement nous apercevons un certain nombre d'astres lumineux, lequel nombre ne fait qu'augmenter, si nous persistons à regarder ledit espace, tout en faisant un effort pour mieux examiner sa profondeur. Preuve évidente, encore, que c'est notre vue qui se transporte jusqu'aux astres en question.

3° Si, en effet, nous examinons le passage d'un satellite de la planète Jupiter derrière ladite planète, assurément la lumière du dit satellite mettant un certain temps pour arriver jusqu'à nous (non pas celui désigné par M. C. Flammarion, mais bien celui qu'elle emploie pour traverser notre atmosphère), le susdit satellite ne devrait pas nous apparaître au moment de sa sortie de derrière la planète sus-désignée; nouvelle preuve évidente que c'est notre vue qui se transporte jusqu'au dit satellite et non pas ses rayons qui parviennent jusqu'à nous.

4° Au surplus, la preuve convaincante que les *rayons voyageurs* des astres ne parcourent pas l'espace pendant des milliers et même des centaines de milliers d'années pour parvenir jusqu'à nous et que c'est, au contraire, notre vue qui se transporte jusqu'à eux, c'est que si nous nous servons de lunettes astronomiques, afin de fortifier notre vue, nous apercevons immédiatement des astres qui, auparavant, nous étaient complètement invisibles; preuve convaincante (d'après la méthode de M. C. Flammarion) que leurs rayons ne sont pas arrivés jusqu'à nous. Cela, cependant, n'empêche

pas qu'ils nous sont complètement visibles, du moment
que nous employons des lunettes astronomiques pour
fortifier notre vue, nous le répétons...

Après des preuves aussi convaincantes que celles
sus-désignées, positivement, nous pensons que la très
grande majorité de nos Lecteurs sera de notre avis et
que, probablement, elle approuvera la petite poésie suivante, intitulée : *les rayons voyageurs*. Cette petite
poésie a uniquement pour but de faire comprendre à
tous nos Lecteurs, que les *rayons voyageurs* en question sont complètement opposés à la pure raison, au
plus simple *bon sens* et font réellement sourire, lorsqu'on les rapporte à nos occupations ici-bas.

LES RAYONS VOYAGEURS

D'après quelques savants, il existe, Lecteurs,
En nombre innombrable, des *rayons voyageurs*
Partant de tous les corps sombres ou lumineux,
Puis de toutes couleurs; c'est, vraiment fabuleux.
Ces rayons annulés, d'après eux, notre vue
Est tout à fait éteinte, alors n'existe plus.
D'après cela, Lecteurs, en lisant un écrit,
Ce n'est pas votre vue qui voit les caractères,
Mais bien tous les rayons de ces dits caractères

Qui, frappant nos deux yeux, donne à notre esprit
La faculté de voir les lettres en question;
Faculté douteuse, contraire à la raison.
D'après cela, encore, il nous faut avouer
Que lorsque nos tailleurs ou bien nos couturières
Veulent (chose forcée) enfiler leur aiguille,
Ce n'est pas leur vue qui distingue le fil
Et le trou de l'aiguille, où il faut l'introduire,
Mais du trou et du fil, les *rayons voyageurs*
Qui, venant à leurs yeux, leur font voir, chers Lecteurs,
Les deux objets cités. Cela prête à sourire
Et, de plus, nous paraît contraire à la raison,
Au plus simple *bon sens*, à tout jugement bon.
Certes, d'après cela, de nos aimés Lecteurs,
Nous sommes convaincus que la majorité,
Avec nous, conviendra que cela n'est qu'un leurre,
Qu'une erreur avérée, pleine d'absurdité.

A. B.

FIN DE DEUXIÈME INNOVATION.

AVIS SE RAPPORTANT

TROISIÈME INNOVATION

———

AVIS AU LECTEUR

Vouloir se corriger de ses défauts, Lecteur,
C'est vraiment désirer, dans une autre existence
(Humaine également), prendre sa résidence
Dans un monde meilleur, dit *régénérateur;*
Où la vie, plus heureuse, est pour ses habitants
Une vie sans douleur, très positivement.
Pour en avoir la preuve, il vous faut consulter
L'article deuxième (1) de ce présent écrit,
Dont le but véritable est de vous éclairer
Et de plus encore de vous dire ceci :
C'est que sur le monde ci-dessus désigné
Toute vie d'expiation pour nous est annulée.
Cela, vous l'avouerez, est vraiment consolant
Et doit vous engager, si vous êtes prudent,
A vous défaire, enfin, de vos plus grands défauts

———

(1) Voir cet article, à la page 63 du présent écrit.

7

Qui peuvent vous priver, hélas ! d'un avantage
Aussi considérable et surtout aussi beau.
Si (nous le répétons) vous êtes vraiment sage
Vous devez, forcément, vouloir vous en défaire.
D'autant mieux que, Lecteur, *dans tous les cas contraires*
Il vous faudra subir, de nouveau, les tourments,
Les affreuses douleurs que tous , actuellement,
Nous souffrons ici-bas, et cela, sur un monde
Semblable à celui-ci , vrai monde d'expiation.
Mais en vous corrigeant, ces afflictions profondes
Seront nulles pour vous, avec toute raison.
En effet, dans ce cas, vous étant corrigé,
Il vous sera permis de vous réincarner
(Ce que, *tous,* nous devons ardemment désirer)
Dans le monde meilleur ci-dessus désigné.

A. B.

MOYEN LE PLUS EFFICACE

POUR

NOUS CORRIGER DE TOUS NOS DÉFAUTS

Ce moyen, réellement des plus efficaces, consiste dans l'emploi consciencieux et constant du tableau synoptique moral de la page 101 ; lequel tableau a pour but de permettre à toute personne qui désire s'améliorer, de faire en peu de temps, et cela à la fin de chaque jour, le relevé des fautes dont elle a eu le malheur de se rendre coupable dans la journée écoulée.

Dans ce dit tableau, le chiffre conventionnel approprié à chaque semaine, est l'une des neuf unités de nombre de 1 à 9 ; la première unité désignant la première semaine, etc. D'après cela, on peut se servir de ce tableau synoptique moral pendant neuf semaines de suite, tout en conservant son extrême netteté.

Pour se servir avantageusement de ce dit tableau, il suffit, chers Lecteurs, de marquer de l'un de nos signes conventionnels appropriés à chaque semaine, la case correspondant à la qualité opposée à la faute commise. Puis, à la fin de chaque semaine, si nous faisons le relevé de toutes nos fautes commises, par ce moyen nous apprendrons à connaître, en peu de temps, les défauts auxquels nous sommes, chacun de nous, le plus susceptible de succomber.

Avantage immense qui nous permettra de porter, par la suite, toute notre attention sur ces mêmes défauts, afin de mieux les éviter; ce qui nous sera facile, pour peu que nous en ayons le désir et la volonté tant soit peu persistante.

Pour bien comprendre, chers Lecteurs, *l'extrême importance* des conseils sus-désignés, nous vous engageons à consulter très attentivement notre très important *tableau spirite*, qui vient après notre *tableau synoptique moral;* lequel Tableau spirite contient tout le relevé exact de tous les *principaux principes qui font le pur fondement du Spiritisme; comme ils font celui du pur Christianisme*, qui (c'est à la connaissance de tout le monde tant soit peu instruit) est le véritable antipode du Catholicisme romain qui n'est, en réalité, qu'une imitation falsifiée du Brahmanisme des temps jadis, et du Paganisme romain, avec une forte dose d'idolatrie, *adorateurs d'images...*

LUNDI	MARDI	MERCREDI	JEUDI	VENDREDI	SAMEDI	DIMANCHE	DÉSIGNATION des QUALITÉS
							Crainte de DIEU et confiance en Lui
							Amour de DIEU et reconnaissance envers LUI.
							Toute humilité et résignation devant DIEU.
							Prière à DIEU, etc.
							Charité en { Pensées.
							Paroles.
							Actions.
							Sobriété.
							Frugalité.
							Tempérance.
							Ordre et économie.
							Patience.
							Modestie.
123 456 789							Bon emploi du temps.
							Bonne compagnie.

MAXIME FONDAMENTALE DU SPIRITISME

2   (Hors la charité point de salut.)

4 CRÉÉ PAR **DIEU** Esprit et matière : 1° *Vie spirituelle* (unique et sans fin); 2° *Vies matérielles* (transitoires et in- déterminées).	**3** DE toute éternité **DIEU** *Seul et unique* Créateur et Dispensateur de toutes choses.	**5** BUT DE LA CRÉATION Amélioration et progression, c'est-à-dire rapprochement vers **DIEU**
7 EN **DIEU** *Tous les hommes sont frères.* — L'homme est composé 1. D'un corps matériel et périssable; 2. D'une âme immaté- rielle et immortelle; 3. D'un périsprit, etc.	**1** **RÉSUMÉ** DES **PRINCIPES GÉNÉRAUX** DU **SPIRITISME.**	**6** **DIEU** est éternel, immuable, immatériel, unique, tout-puissant, souverainement JUSTE ET BON
8 DEVOIRS DIRECTS Foi, Piété, Humilité, Reconnaissance et Amour de **DIEU** DEVOIRS INDIRECTS Sympathie, Fraternité, Bienveillance et Cha- rité par Amour pour **DIEU**	**9** **PLURALITÉ DES MONDES** humains. — Mondes primitifs. — d'expiation et d'épreuves. — régénérateurs. — supérieurs. Mondes divins ou extra- supérieurs.	**10** **PLURALITÉ DES EXISTENCES** — Existences primitives. — réparatrices et d'épreuves. — régénératrices supérieures. Existences immatérielles et perpétuelles.

OBSERVATION. — Pour consulter avantageusement le présent tableau, il est indispensable de prendre connaissance de
chaque case d'après son numéro d'ordre.   A. B.

AVIS

SE RAPPORTANT A

LA PHRÉNOLOGIE MATÉRIELLE.

———————

Dans l'intérêt purement moral de la Société tout entière et pour mieux dire de notre humanité terrestre, dans cette partie essentiellement morale de notre écrit, nous allons essayer de faire comprendre, à nos Lecteurs, que la phrénologie matérielle, telle que la comprennent Messieurs les nombreux (1) phrénologistes, depuis Gall (qui en est l'inventeur) jusqu'à nos jours, *n'est qu'une absurdité et un non sens;* car, positivement,

(1) Nous allons, ici, en citer quelques-uns, en commençant par Gall lui même. Tels sont, par exemple, MM. Gall, 1758-1828, né dans le grand duché de Bade; Spurzheim, 1726-1832, médecin allemand; Lavater de Zurich (Suisse), 1741-1801; le docteur Elliotson de Londres; Georges Combe d'Edimbourg (Ecosse); Uccelli de Florence et Molossi de Milan (Italie), etc., etc. En FRANCE: MM. Broussais, Fossati, Bailly, Richard, Voisin, Bouillaud, Mège, Place, Belhomme, Dumoutier, etc., etc.

dans l'Être humain, *la pensée est tout, la matière n'est
rien* (1).

En effet, si ces grands savants avaient tant soit peu
réfléchis, ils auraient immédiatement compris qu'ils

(1) Comme preuve de ce que nous disons ici, nous ferons
remarquer les vérités suivantes : c'est que notre système
solaire, dont le diamètre égale *deux milliards cinq cent mille
millions de lieues,* se trouve être par rapport à notre Nébuleuse,
dont le diamètre égale *sept millions cinq cent mille milliards
de lieues,* comme un est à trois millions, autrement dit comme
un œuf de ver-à-soie est à un globe ayant *trois mille mètres
de diamètre.*

Si, maintenant, nous comparons l'étendue de notre petit
globe terrestre, y compris son atmosphère, à l'étendue du
surplus de notre système solaire, nous trouvons à peu près
la même proportion. D'après cela, nous sommes donc forcément obligés d'en conclure la vérité suivante : c'est que notre
globe terrestre, y compris son atmosphère (10 lieues d'épais-
seur environ), étant comparé à notre Nébuleuse, est, par
rapport à elle, comme la trois millionième partie de l'œuf
susdésigné est au globe de trois mille mètres également susdésigné ; c'est-à-dire moins qu'un atôme.

Dans cette immensité qui est la nôtre, que peut donc être
chacun de nous, matériellement parlant ? Très positivement,
nous sommes des Êtres microscopiques, que nos plus puissants microscopes ne pourraient pas découvrir. — Avis aux
matérialistes phrénologistes ou non phrénologistes.

Quant aux *spiritualistes,* peu leur importe cette exiguïté
matérielle des plus infimes ; pour eux, la pensée (autrement
dit notre âme) est plus grande que cette immensité même ;

prenaient (erreur excessivement grave et tout-à-fait
indigne de leur grande intelligence) *l'effet pour la cause,*
en prétendant qu'un Être humain a telle ou telle vertu
ou tel ou tel vice, parceque certaine partie de son cerveau
(partie correspondante à la vertu ou au vice en question)
est plus développée que les autres parties ; ce qui, de
leur part, est admettre que l'Être humain n'a aucunement
son *libre arbitre* et, par conséquent, n'est aucunement
responsable de ses actes ici-bas. *Monstruosité morale,*
absolument insensée et faisant réellement douter de
leur grande intelligence.

Le plus simple bon sens, en effet, aurait dû leur faire
comprendre que ce sont, purement et simplement, les
grandes et vives passions (vertueuses ou bien vicieuses)
de *l'âme* qui sont les *seules causes* des diverses confor-
mations du cerveau, chez tous les incarnés de notre
globe terrestre, l'un des plus infimes de notre système
solaire et véritable monde d'expiation (1).

D'après ce que nous venons de dire, le cerveau hu-

du moment que, non seulement elle la domine, mais qu'elle
domine encore *celles* de toutes les autres Nébuleuses (des
milliers) que nos instruments les plus puissants nous ont
permis de découvrir jusqu'à ce jour.   A. B.

(1) Nous ferons remarquer, ici, que lorsqu'un Esprit coupable dans sa dernière existence corporelle doit se réincarner
de nouveau, *comme punition,* son cerveau, y compris certaines
parties de son corps, doivent probablement subir une conformation toujours en rapport avec les fautes commises et *vice-*

main serait donc l'instrument dont l'*âme* de l'incarné se
sert pour manifester ses facultés et ses sentiments ;
cela, par l'intermédiaire du fluide périsprital dont son
corps purement matériel est entièrement imbu dans
toutes ses parties, ainsi que nous l'avons dit dans les
pages 10 et 11 de ce présent écrit.

Nous ajouterons , ici , que l'âme ou Esprit incarné, à
l'aide de son intuition (intuition que tous les incarnés
possèdent plus ou moins) et puis à l'aide du reflait intime
de ses connaissances antérieurement acquises , doit
favoriser le développement des organes de son cerveau,
conformément à ses aspirations intellectuelles et morales. D'après cela , nous devons rationnellement en
conclure la vérité suivante : c'est que la conformation
du cerveau et par suite celle du crâne humain s'amélio-
rent, à mesure que l'Esprit incarné progresse intellectuellement et moralement...

Au surplus, pour s'assurer de la vérité absolue de ce
que nous avançons, que MM. les phrénologistes de notre

versa. Cela, naturellement donne l'explication du *pourquoi*
certains enfants naissent dans des conditions matérielles,
morales et intellectuelles si différentes entre elles. — Une
importante observation est à faire ici : c'est que l'Esprit
coupable qui, en se réincarnant, doit subir une vie d'idiotisme
plus ou moins prononcé ou d'infirmité de naissance, pour
pouvoir expier les fautes commises, par lui, dans sa précédente instance ; cet Esprit, disons-nous, lors de son décès
matériel , reprend la position qu'il avait auparavant dans le
monde des Esprits , s'il n'a fait que réparer.

époque actuelle, à une époque désignée, examinent
attentivement le crâne d'un nombre plus ou moins grand
d'individus ayant de vives passions, quelles qu'elles
soient du reste ; puis, ensuite, dix ou vingt ans plus
tard, qu'ils examinent de nouveau les mêmes crânes,
ils reconnaîtront, positivement, que chacun de ces crânes
se sera plus ou moins transformé, selon que les sentiments de l'individu se seront eux-mêmes plus ou moins
modifiés...

Le fait que nous avançons ici, nous l'affirmons avec
toute assurance ; car, dans le cours de plus de *quarante
années* (actuellement nous en avons *soixante-neuf)*, nous
en avons fait une sérieuse expérience sur nous-même ;
laquelle expérience est absolument concluante pour
nous.

Pour ce qui concerne, maintenant, les enfants en bas
âge, nous ferons remarquer que l'explication du *pourquoi*
le jeune crâne de certains enfants en bas âge possède la
marque apparente de certains vices ou de certaines
vertus, ou bien, encore, de certains savoirs ou non
savoir, est absolument inexplicable pour tous *ceux* qui,
comme le Clergé catholique romain, ne croient qu'à *une
seule existence humaine;* ce qui est une erreur absolument contraire à la raison, au plus simple bon sens et à
la pure moralité.

Pour tous *ceux,* au contraire, qui admettent la *pluralité
des existences humaines,* (lesquelles sont destinées à nous
faire arriver, tous, sans exception, à la pureté complète;
ce qui est absolument impossible dans une seule existence humaine), ce *pourquoi* s'explique sans aucune

difficulté et tout naturellement, au point même d'être à la portée de toutes les intelligences, même les plus infimes. En effet, le plus simple bon sens nous fait comprendre la vérité suivante : c'est que la conformation du crâne de l'enfant en bas âge désigne, d'une manière peu apparente, il est vrai, mais qui, à la suite d'un sérieux examen, est cependant appréciable et devient très apparente, à l'âge de la puberté, désigne, disons-nous, les principales passions (bonnes ou mauvaises) qu'il avait conservé à la fin de sa précédente existence humaine ; ainsi que le grand savoir, dans telle ou telle science, qu'il pouvait également avoir acquis. Dans ce cas, son cerveau contient réellement les germes des vives passions et connaissances susdésignées.

De ce qui précède, nous devons forcément conclure la vérité suivante : c'est que notre vie actuelle est (moralement et intellectuellement parlant) la continuation de notre vie humaine précédente. D'après cela, malgré les interruptions momentanées qui se produisent dans nos existences humaines, notre amélioration morale et notre progression spirituelle sont, l'une et l'autre, sans éprouver une réelle discontinuité ; toutes nos vies humaines étant intimement liées entre elles, moralement et intellectuellement parlant.

Une observation est à faire ici, sur l'opinion que nous émettons, concernant la conformation du crâne des enfants en bas âge. Cette observation est celle-ci : c'est que non seulement notre opinion est indiscutable, mais elle est, encore, d'un immense intérêt pour les pères et mères de famille qui, alors, peuvent d'avance connaître les principaux défauts (disons, ici, que tous en ont plus ou moins, du moment que tous nous avons à expier sur cette terre, véritable monde d'expiation) de leurs enfants; défauts qui, plus tard, sont susceptibles de se développer plus ou moins. Naturellement, les pères et mères de famille étant prévenus d'avance; cela peut leur permettre de pouvoir veiller, tout spécialement, sur les mauvais penchants auxquels leurs *biens aimés enfants* sont plus susceptibles de succomber.

Positivement, les pères et mères de famille connaissant, mieux que nous, la marche à suivre en cette circonstance; certainement nous n'aurons pas l'imprudence et la stupide prétention de la leur enseigner. C'est à l'un et à l'autre, positivement, qu'appartient le droit d'*apprécier* la conduite qu'ils ont à tenir en pareil cas.

A. B.

FIN DE L'INNOVATION MORALE.

LE

BRÉVIAIRE OU LIVRE DE PRIÈRES

PRÉCÉDÉ

D'UN AVERTISSEMENT ET D'UN EXORDE.

AVERTISSEMENT.

———※———

Dans cet *avertissement* nous allons donner la définition de la prière et quelques renseignements sur tout ce
qui la concerne.

La prière est un acte par lequel nous nous adressons
à DIEU, pour reconnaitre son souverain domaine et Lui
demander les grâces dont nous avons besoin, pour pouvoir faire le bien et ne jamais mal faire; c'est-à-dire
pour avoir le suprème bonheur de toujours Lui plaire et
ne jamais Lui déplaire. La prière est la respiration de
l'âme; elle doit toujours être humble, ardente et fer-
vente, et peut être vocale ou mentale, isolée ou publique.

Depuis les temps les plus reculés, la prière a toujours
été regardée comme un moyen puissant d'élever l'âme,
de l'affermir dans les bonnes résolutions et de la conso-
ler dans le malheur. C'est ce qui arrive en effet, car elle
appaise nos ressentiments, soulage nos douleurs et nous
rend plus ferme contre les épreuves de la vie, qu'elle
nous fait supporter avec patience et résignation; de plus,
elle établit la seule communication possible entre l'homme ici-bas et DIEU, source de toute espérance et consolation. Enfin, penser à DIEU, le remercier de tous ses
bienfaits, avoir une confiance absolue en Lui, implorer
son divin secours pour nous et pour les autres, incarnés

ou non incarnés; Lui offrir tous les jours de la vie e
cela à tout instant, nos biens, nos joies, nos actions, nos
souffrances, etc., etc., ce sont différentes formes de
prières.

Assurément, Lecteurs, le premier devoir de toute
Créature humaine, le premier acte qui doit signaler,
pour elle, le retour à la vie active de chaque jour : c'est
la prière. Nous prions presque tous, mais combien peu
savent prier ! Qu'importe au SEIGNEUR, les phrases
que nous relions les unes aux autres machinalement,
parce que nous en avons l'habitude, que c'est un devoir
que nous accomplissons, et que, comme tout devoir, il
nous pèse ?

La prière du véritable Chrétien, ou vrai Spirite de
quelque culte qu'elle soit, doit être faite chaque matin
en se levant. L'âme, alors, doit s'élever vers DIEU,
avec humilité et ferveur, dans un élan de reconnaissance pour tous les bienfaits accordés jusqu'à ce jour ;
pour la nuit écoulée et pendant laquelle il nous a été
permis, quoiqu'à notre insu, de retourner près de nos
amis, de nos guides, pour puiser dans leur contact plus
de force et de persévérance. Elle doit s'élever humble
vers le SEIGNEUR, pour Lui recommander notre faiblesse, Lui demander son appui, son indulgence, sa
divine miséricorde. Elle doit être profonde, car c'est
notre âme qui doit s'élever vers le CRÉATEUR.

Notre prière doit renfermer la demande des grâces
dont nous avons besoin, mais un besoin réel. Inutile de
demander au SEIGNEUR d'abréger nos épreuves, de
nous donner la joie et la richesse, demandons-Lui de

nous accorder les biens plus précieux de la patience, de la résignation et de la foi. Ne disons point, comme cela arrive à plusieurs d'entre nous : « *Ce n'est point la peine de prier, puisque DIEU ne m'exauce pas* ». Que demandons-nous à DIEU, la plupart du temps ? Avons-nous souvent pensé à Lui demander notre amélioration morale ? Oh, non, très peu, mais nous avons songé plutôt à Lui demander la réussite de nos entreprises terrestres, et nous nous sommes écriés : « *DIEU ne s'occupe pas de nous, s'il s'en occupait, il n'y aurait pas autant d'injustice* ». Insensés et ingrats que nous sommes, si nous descendions dans le fond de notre conscience, nous trouverions presque toujours, en nous-mêmes, le point de départ des maux dont nous nous plaignons. Demandons-donc, avant tout, notre amélioration, et nous verrons quel torrent de grâces et de consolations se répandra sur nous.

Nous devons prier en tout temps, sans pour cela nous retirer dans notre oratoire ou nous jeter à genoux sur les places publiques. La prière de la journée, c'est l'accomplissement de tous nos devoirs, sans exception, de quelque nature qu'ils soient. N'est-ce pas un acte d'amour envers DIEU, que d'assister ses semblables dans un besoin quelconque, soit moral ou physique ? N'est-ce pas un acte de reconnaissance, que d'élever notre pensée vers Lui, quand un bonheur nous arrive, qu'un accident est évité, qu'une contrariété même nous effleure seulement, si nous disons par la pensée : « *Merci, ô mon DIEU !* » N'est-ce pas un acte de contrition, que de nous humilier devant notre *Juge Suprême*, quand nous sentons que nous avons failli , ne fusse que par une pensée fugitive et de Lui dire :« *Pardonnez-moi, ô mon DIEU !* *car j'ai péché par orgueil ou par égoïsme , ou par man-* *que de charité; donnez-moi , je vous prie , si je n'en suis* *pas trop indigne, la force de ne plus faillir et le courage* *de réparer !* »

Ceci est indépendant des prières du matin et du soir et des jours consacrés ; mais , comme nous pouvons le voir, la prière peut être de tous les instants, sans appor-ter aucune interruption à nos travaux; ainsi dite , elle les sanctifie au contraire et soyons convaincus qu'une seule de ces pensées partant du cœur , est plus écoutée de DIEU , notre *bon* Père spirituel, que les longues prières dites par habitude, souvent sans cause détermi-nante et auxquelles l'heure convenue nous rappelle ma-chinalement.

D'après ce que nous venons de dire , nous ferons re-marquer que les prières les plus courtes sont toujours les meilleures , à la condition, naturellement, de partir absolument du cœur et de ne jamais s'écarter de la plus pure morale. Ainsi , par exemple , veut-on adresser à DIEU, une prière de *soumission* et de *résignation,* quand un désagrément quelconque nous arrive et que nous nous voyons dans l'impossibilité de l'atténuer ; il suffit de prononcer de cœur et d'âme, ces simples paroles : « *O mon DIEU , que votre volonté soit faite !* » Quand , de ce désagrément , résultent de grandes souffrances soit physiques ou morales, ou que nous nous sentons combattu par une tentation pressante et plus ou moins mauvaise, si nous disons du fond du cœur : « *O mon*

DIEU, secoures-moi ! » Soyons persuadés que ce peu de mots produira plus d'effet qu'une longue prière, dite froidement la plus part du temps ; d'autant mieux que DIEU sait bien mieux que nous-mêmes, ce qui nous est nécessaire.

Quand, enfin, nous voulons exprimer l'amour absolu que nous éprouvons pour Lui de cœur et d'âme, adressons-Lui cet humble et chaleureuse prière : « O mon DIEU, que j'aie le suprême bonheur de toujours Vous plaire et ne jamais Vous déplaire ! » etc., etc.

FIN DE CET AVERTISSEMENT.

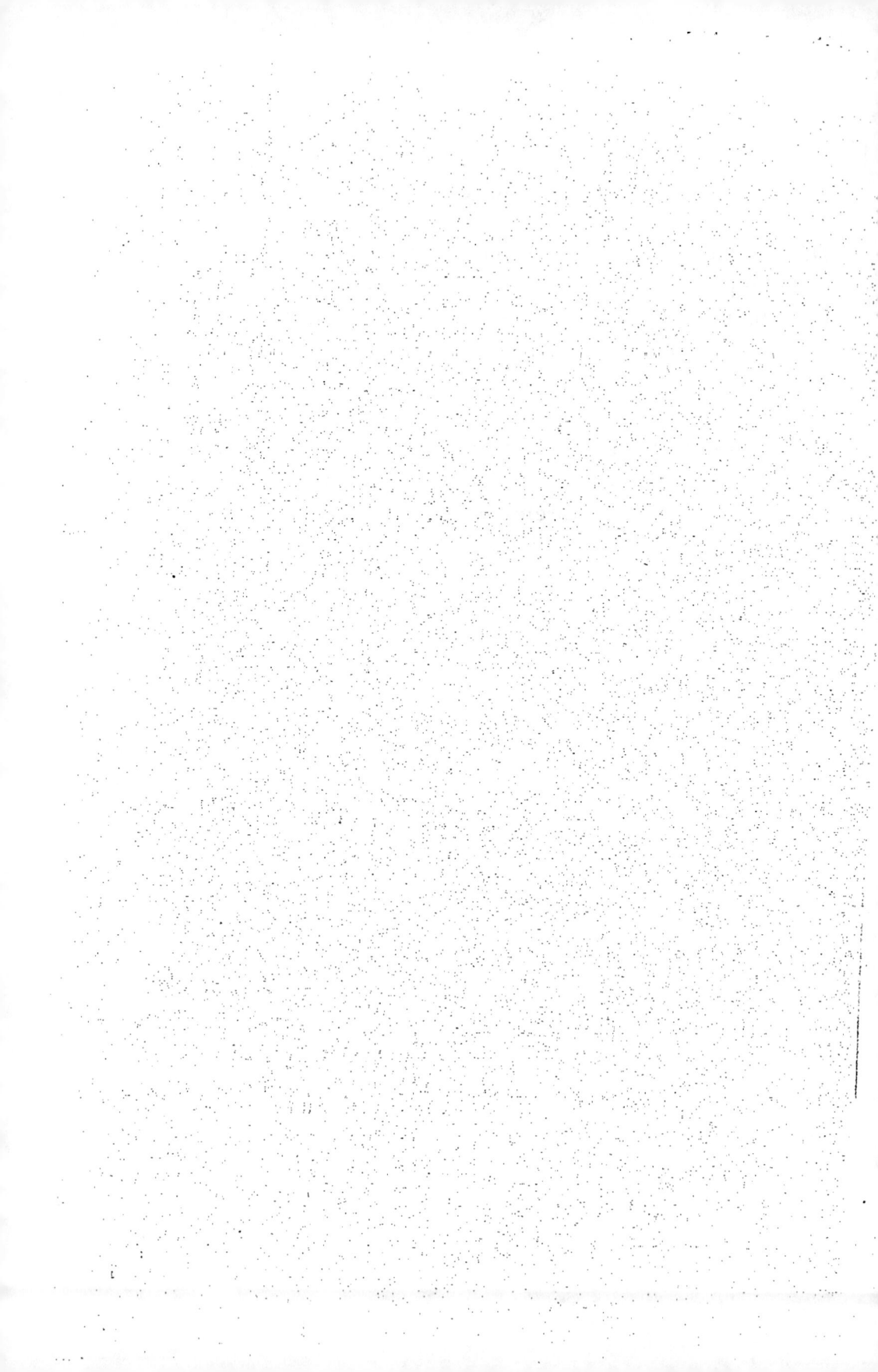

EXORDE

DÉVELOPPEMENT

DONNÉ A CHACUNE DES SEPT PROPOSITIONS

DE

L'ORAISON DOMINICALE.

1° « *Notre* PÈRE *qui êtes aux cieux, que votre nom soit sanctifié ?* »

Je crois en Vous, SEIGNEUR, parce que tout révèle votre *puissance* et votre *bonté*. L'harmonie de l'univers témoigne d'une sagesse, d'une prudence et d'une prévoyance qui surpassent toutes les facultés humaines ; le nom d'un ÈTRE *souverainement grand et sage* est inscrit dans toutes les œuvres de la création , depuis le brin d'herbe et le plus petit insecte, jusqu'aux astres qui se meuvent dans l'espace; partout, nous voyons la preuve d'une sollicitude *paternelle ;* c'est pourquoi aveugle est celui qui ne Vous reconnais pas dans vos œuvres; orgueilleux est celui qui ne Vous glorifie pas, et ingrat est celui qui ne Vous rend pas des actions de grâce.

2° « *Que votre règne nous arrive.* »

SEIGNEUR, Vous avez donné aux Créatures humaines des Lois pleines de sagesse et qui feraient leur bonheur s'ils les observaient. Avec ces Lois, ils feraient régner entre eux la paix et la justice; ils s'entr'aideraient mutuellement, au lieu de se nuire comme ils le font; le fort soutiendrait le faible au lieu de l'écraser; ils éviteraient les maux qu'engendrent les abus et les excès de tous genres. Toutes les misères d'ici-bas viennent de la violation de vos Lois, car il n'est pas une seule infraction qui n'ait ses conséquences fatales.

3° « *Que votre volonté soit faite sur la terre comme au ciel.* »

Si la soumission est un devoir du fils à l'égard du père, de l'inférieur envers son supérieur, combien doit être plus grande celle de la Créature à l'égard de son *Créateur!* Faire votre volonté SEIGNEUR, c'est observer vos Lois et se soumettre sans murmure à vos décrets divins; l'Être humain s'y soumettra, quand il comprendra que Vous êtes la source de toute sagesse et que sans Vous, il ne peut rien; alors, il fera votre volonté sur la terre, comme les Élus dans le ciel.

4° « DONNEZ-NOUS NOTRE PAIN DE CHAQUE JOUR. »

Donnez-nous, SEIGNEUR, la nourriture pour l'entretien des forces du corps; donnez-nous aussi la nourriture spirituelle, pour le développement de notre esprit.

La brute trouve sa pature, mais l'Être humain l'a doit

à sa propre activité et aux ressources de son intelligence, parce que vous l'avez créé libre.

Vous lui avez dit : « *Tu tireras ta nourriture de la terre à la sueur de ton front;* » par là, Vous lui avez fait une obligation du travail, afin qu'il exerça son intelligence par la recherche des moyens de pourvoir à ses besoins et à son bien-être; les uns par le travail matériel, les autres par le travail intellectuel; sans le travail, il resterait stationnaire et ne pourrait aspirer à la félicité des Esprits purs.

Vous secondez l'Être humain de bonne volonté qui se confie en Vous pour le nécessaire, mais non celui qui se complait dans l'oisiveté et voudrait tout obtenir sans peine; ni celui qui cherche le superflu, dans un but purement personnel.

Puisque la Loi du travail est la condition de l'Être humain sur la terre, donnez-nous, ô mon DIEU, le courage et la force de l'accomplir; donnez-nous aussi la prudence, la prévoyance et la modération, afin de n'en pas perdre le fruit. Donnez-nous, encore, les moyens d'acquérir notre pain quotidien de chaque jour, par le travail, autrement dit les choses purement nécessaires à la vie; car nul n'a droit de réclamer, pour lui, le superflu.

Si le travail nous est impossible, nous nous confions en votre divine *Providence.*

S'il entre, SEIGNEUR, dans vos desseins de nous éprouver, par de grandes souffrances physiques ou morales, nous les acceptons comme une juste expiation des fautes que nous avons pu commettre dans cette vie ou dans une vie précédente, car Vous êtes la Suprême justice; nous savons qu'il n'y a point de peines immé- ritées et que Vous ne châtiez jamais sans cause.

5° « *Pardonnez-nous nos offenses, comme nous les pardonnons à ceux qui nous ont offensés* ».

Chacune de nos infractions à vos Lois, SEIGNEUR, est une offense envers Vous, et une dette contractée qu'il nous faudra tôt ou tard acquitter. De votre infinie miséricorde, nous en sollicitons la remise, SEIGNEUR, sous la promesse de faire tous nos efforts pour ne pas en contracter de nouvelles.

Vous nous avez fait une Loi expresse de la Charité; mais la charité ne consiste pas seulement à assister son semblable dans le besoin; elle est aussi dans l'oubli et le pardon des offenses, quand la morale ne doit pas en souffrir. De quel droit, en effet, réclamerions-nous votre indulgence, si, sans utilité indispensable, nous en manquons nous-mêmes à l'égard de ceux qui nous ont offensé.

6° « *Ne nous abandonnez point à la tentation, mais délivrez-nous du mal.* »

Donnez-nous, SEIGNEUR, la force de résister aux suggestions des mauvais Esprits qui tenteraient de nous détourner de la voie du bien, en nous inspirant de mau- vaises pensées. Mais nous sommes nous-mêmes des Esprits imparfaits, incarnés sur cette terre pour expier et nous améliorer. La cause première du mal est en nous, et les mauvais Esprits ne font que profiter de nos penchants vicieux, dans lesquels ils cherchent à nous entretenir, uniquement par dépit d'avoir mal fait eux-mêmes durant leur dernière existence humaine.

SEIGNEUR, soutenez-nous dans notre faiblesse, inspirez-nous par la voix de nos Anges-Gardiens et des bons Esprits, la volonté de nous corriger de nos imperfections, afin de fermer aux Esprits impurs l'accès de notre âme.

Le mal n'est point votre ouvrage, SEIGNEUR, car la source de tout bien ne peut engendrer rien de mauvais; c'est nous *seuls* qui le créons en enfreignant vos Lois et par le mauvais usage que nous faisons du libre arbitre que Vous nous avez donné; ce qui explique toutes les anomalies apparentes qui existent ici-bas.

7° « *Ainsi soit-il.* »

Plaise à Vous, SEIGNEUR, que nos désirs s'accomplissent! Mais, avant tout, nous nous inclinons devant votre sagesse infinie. Sur toutes les choses qu'il nous est pas donné de comprendre, qu'il soit fait selon votre divine volonté et non selon la nôtre; car Vous ne voulez que notre bien et Vous savez mieux que nous ce qui nous est utile. Aussi, est-ce avec la plus grande humilité et la confiance la plus absolue que nous disons ici : *ainsi soit-il*, autrement dit que votre suprême volonté soit faite, SEIGNEUR et non la nôtre.

FIN DE CET EXORDE.

RECUEIL DE PRIÈRES

I. Prières pour soi-même.

1° Demande de secours.

Mon DIEU, Vous connaissez ma faiblesse, je ne puis rien sans le secours de votre grâce. Si je n'en suis pas indigne, ne me la refusez pas, ô mon DIEU, proportionnez-là à mes besoins; donnez-moi assez de force pour éviter le mal que Vous défendez, pour pratiquer tout le bien que vous attendez de moi, et pour souffrir, avec toute humilité et toute résignation, toutes les peines qu'il Vous plaira de m'envoyer; mais avant tout, SEIGNEUR, que votre divine justice ait son cours et que votre volonté soit faite !

2° Autre.

DIEU infiniment *puissant* et infiniment *bon*, je Vous en supplie très humblement, augmentez en moi la sagesse, pour que je puisse connaître mes vrais intérêts; fortifiez mes résolutions pour exécuter ce qu'elle prescrit; agréez mes bons offices à l'égard de tous ceux qui, comme moi, sont incarnés sur cette terre, comme le seul acte de reconnaissance qu'il soit en mon pouvoir de Vous offrir, pour toutes les faveurs que Vous m'accordez chaque jour et pour lesquels je Vous remercie de tout mon cœur et de toute mon âme ; désirant ardemment avoir le suprême bonheur de m'en rendre de plus en plus digne, dans ma conduite à venir.

3° *Autre.*

O mon DIEU, permettez aux bons Esprits qui m'entourent, de venir à mon aide lorsque je suis dans la peine et de me soutenir si je chancelle. Faites, SEIGNEUR, qu'ils m'inspirent la foi, l'espérance et la charité; qu'ils soient pour moi un appui, une espérance et une preuve de votre infinie miséricorde ; faites enfin que je trouve près d'eux la force qui me manque dans les épreuves de la vie, et, pour résister aux suggestions du mal, la foi qui sauve et l'amour qui console.

4° *Autre, adressée aux Anges gardiens et Esprits protecteurs, comme messagers de DIEU.*

Esprits sages et bienveillants, messagers de DIEU, dont la mission est d'instruire les incarnés dans les mondes humains et de les conduire dans la bonne voie, DIEU le permettant, soutenez-moi, bons Esprits, dans les épreuves de cette vie; donnez-moi la force de les subir sans murmure et avec une entière résignation, afin d'avoir le suprême bonheur de pouvoir être agréable à DIEU; détournez de moi les mauvaises pensées, et faites que je ne donne accès à aucuns mauvais Esprits qui tenteraient de m'induire à mal faire. Éclairez ma conscience sur mes défauts et levez, de dessus mes yeux, le voile de l'orgueil qui pourrait m'empêcher de les apprécier et de me les avouer à moi-même.

Vous surtout, mon bon Ange gardien, qui veillez plus particulièrement sur moi, faites que je me rende digne de votre bienveillance et, par conséquent, de la divine miséricorde de DIEU. Vous connaissez mes besoins, qu'il y soit satisfait selon la volonté du SEIGNEUR.

5° *Autre.*

Vous tous, bons Esprits, à qui, DIEU, dans son infinie miséricorde, permet de veiller sur les incarnés, soyez mes protecteurs dans les épreuves de la vie terrestre. Donnez-moi la force, le courage et la résignation; inspirez-moi tout ce qui est bon, retenez-moi sur la pente du mal; que votre douce influence pénètre mon âme; faites que je sente que des amis dévoués sont là, près de moi, qu'ils prennent part à mes souffrances et partagent mes joies. Vous surtout, mon bon Ange gardien, ne m'abandonnez pas; car j'ai besoin de toute votre protection pour supporter, avec foi et amour, les épreuves qu'il plaira à DIEU de m'envoyer.

6° *Autre, pour nous préserver des mauvais Esprits.*

Si je n'ai pas démérité de votre divine miséricorde, ô mon DIEU, que les mauvais Esprits s'éloignent de moi et que les bons me servent de rempart contre eux.

Quant à vous Esprits malfaisants qui inspirez à vos frères incarnés de mauvaises pensées, dans le but de leur nuire, par dépit de n'avoir pas pu bien faire vous-même dans votre dernière existence corporelle, que la divine miséricorde de DIEU, *notre bon* PÈRE *spirituel à tous*, s'étendent sur vous et vous inspire de meilleurs sentiments à l'égard de vos frères incarnés. Je le désire de tout mon cœur, chers frères infortunés, uniquement dans votre propre intérêt; du moment que les mauvais sentiments ne peuvent que vous nuire et que les bons peuvent vous aider à vous améliorer et à progresser...

S'il plait à DIEU, bons Esprits, donnez moi la force de résister à leur regrettable influence et les lumières nécessaires pour n'être pas dupe de la fourberie des plus coupables qui sont, réellement les plus à plaindre. Préservez-moi de l'orgueil et de la présomption ; écartez de mon cœur la jalousie, la haine, la malveillance et tous sentiments contraires à la charité, qui sont autant de portes ouvertes aux mauvais Esprits, pour me nuire, comme ils se sont nuis eux-mêmes, dans leur dernière existence humaine; ce que, dans leur propre intérêt personnel, nous regrettons de tout cœur et de toute notre âme.

7° *Autre, pour demander à nous corriger de nos défauts.*

Vous m'avez donné, ô mon DIEU, l'intelligence nécessaire pour distinguer ce qui est bien de ce qui est mal; or, du moment que je reconnais qu'une chose est mal, je suis coupable de ne pas m'efforcer d'y résister.

Préservez-moi de l'orgueil qui pourrait m'empêcher de m'appercevoir de mes défauts et me faire accepter les mauvais conseils des Esprits coupables.

Vous m'avez également donné, ô mon DIEU, une égale aptitude pour le bien et pour le mal; si j'ai suivi la mauvaise voie, c'est par un effet de mon libre arbitre. Mais par la raison que j'ai la liberté de faire le mal, j'ai celle de faire le bien, par conséquent j'ai donc également celle de quitter la mauvaise voie pour rentrer dans la bonne; ce que je désire de tout mon cœur et de toute mon âme, afin d'avoir le suprême bonheur de pouvoir me rapprocher de Vous, ô mon DIEU !

8° *Autre, adressée aux bons Esprits.*

Bons Esprits qui me protégez et vous surtout mon bon Ange-gardien, donnez-moi la force de pouvoir me corriger de mes défauts actuels, qui sont un reste des imperfections que j'ai gardé de mes précédentes existences; c'est mon péché originel dont je puis me débarrasser par ma volonté et avec votre précieuse et fraternelle assistance à tous, bons et bienveillants Esprits; veuillez donc, je vous en supplie, DIEU le permettant, me secourir, afin qu'il me soit permis de pouvoir sortir victorieux de la lutte.

Le SEIGNEUR, dans son infinie miséricorde, a eu l'infinie bonté de m'accorder l'existence actuelle pour qu'elle serve à mon avancement; c'est pourquoi, bons Esprits, j'implore votre précieux secours pour m'aider à la mettre à profit, afin qu'elle ne soit pas perdue pour moi, et que, lorsqu'il plaira à DIEU, de me retirer de ce monde, j'en sorte meilleur que je n'y suis rentré; ce qui me procurera le suprême bonheur de pouvoir progresser dans la voie de l'avancement et, par conséquent, de me rapprocher de Lui.

9° *Autre, pour demander à résister à une tentation* (1)

DIEU Tout-Puissant, ne me laissez pas succomber à la tentation que j'ai de faillir; détournez de moi, ô mon DIEU, cette mauvaise pensée et donnez-moi, je vous en supplie, la force de pouvoir la repousser, si toutefois je ne suis pas indigne de votre divine miséricorde.

Si je succombe, ô mon DIEU, je sais qu'il me faudra expier ma faute dans cette vie et dans l'autre; car en me donnant mon libre arbitre, Vous m'avez donné le droit de choisir. Désirant de tout mon cœur et de toute mon âme, éviter un semblable malheur; *secourez-moi, ô mon DIEU !*

10° *Autre, pour remercier d'avoir pu résister à la tentation.*

Mon DIEU, je vous remercie de m'avoir permis de sortir victorieux de la lutte que je viens de soutenir contre le mal; faites que cette victoire me donne, SEI-

(1) Ce mot tentation désigne toute mauvaise pensée qui est en nous. Cette mauvaise pensée peut avoir deux sources : la propre imperfection de notre âme ou une funeste influence qui agit sur elle. Dans ce dernier cas, c'est toujours l'indice d'une faiblesse qui nous rend propre à recevoir cette influence et par conséquent l'indice d'une âme imparfaite; de telle sorte que celui qui faillit ne saurait invoquer pour excuse l'influence d'un Esprit étranger, puisque *cet Esprit ne l'aurait point sollicité au mal, s'il l'avait jugé inaccessible à la séduction...*

GNEUR, la force de résister à de nouvelles tentations.

Puisse mon absolue soumission à votre suprême volonté, me rendre toujours digne, à l'avenir, de votre divine protection; sans laquelle, ô mon DIEU, je ne puis être sauvé et jouir, plus tard, du bonheur éternel que Vous réservez à tous vos enfants sans exception, à la condition de le mériter. De nouveau, merci, ô mon DIEU !

11° *Autre, pour demander un conseil.*

DIEU le permettant, vous tous, bons Esprits qui me protégez et vous, surtout, mon bon Ange gardien, inspirez-moi la meilleure résolution à prendre dans l'incertitude où je suis. Dirigez ma pensée vers le bien, détournez de moi, l'influence des mauvais Esprits qui tenteraient à m'égarer, et cela, bons Esprits, afin d'avoir le suprême bonheur de toujours plaire à DIEU et ne jamais Lui déplaire ; ce qui est mon suprême et unique désir.

12° *Autre, pour formuler une demande, nous trouvant dans l'affliction.*

DIEU *infiniment bon*, dans l'affliction qui m'accable, daignez écouter favorablement les vœux que je Vous adresse en ce moment. Si ma demande est *inconsidérée*, pardonnez-la moi et que votre volonté soit faite, SEIGNEUR; si, au contraire, elle est *juste* et *utile*, que les bons Esprits qui exécutent vos suprêmes volontés, me viennent en aide pour son accomplissement. Cette demande, ô mon DIEU, est celle-ci : (formuler sa demande).

Si ma demande n'est pas exaucée, c'est qu'il entre dans vos desseins de m'éprouver ; alors, je me soumet sans murmure et désire de tout mon cœur et de toute mon âme, n'en éprouver aucun découragement et puis aucun ébranlement dans ma foi et ma résignation, que je désire conserver intacte, autant que possible.

Que votre volonté soit faite, ô mon DIEU !

13° *Autre, pour une faveur accordée.*

Merci, ô mon DIEU, pour la faveur que votre *bonté paternelle* vient de m'accorder ; car je ne puis pas l'attribuer au hasard des évennements et encore moins à mon propre mérite ; ce qui, de ma part, serait un orgueil coupable et regrettable pour moi ; car, assurément, il ne pourrait que me nuire plus tard.

Merci, à vous tous, bons Esprits qui, dans cette circonstance, avez été les exécuteurs de la volonté de DIEU ; merci surtout, à mon bon Ange gardien chargé de veiller plus particulièrement sur moi. Tous, détournez de moi la triste pensée d'en concevoir de l'orgueil et d'en faire un mauvais usage qui ne serait pour le bien. A vous tous, merci, merci !

14° *Autre, comme soumission et résignation.*

Mon DIEU, Vous êtes souverainement juste ; toutes souffrances ici-bas doit avoir sa cause et son utilité. J'accepte avec *humilité* et *reconnaissance* le sujet d'affliction que je viens d'éprouver, comme une expiation de mes fautes passées et une épreuve pour l'avenir.

Bon Ange, Esprit *bien aimé,* vous à qui DIEU, dans sa divine miséricorde, permet de veiller plus particulièrement sur moi, donnez-moi la force de supporter sans murmure, ce sujet d'affliction ; faites qu'il soit pour moi un avertissement salutaire, accroisse mon expérience ; qu'il combatte en moi l'orgueil, l'ambition, la sotte vavité et le dégoûtant égoïsme; qu'il contribue à mon amélioration; enfin, qu'il me rende meilleur par amour pour DIEU; mais, avant tout, bon Ange, que la volonté de DIEU soit faite !

15° *Autre.*

J'éprouve, ô mon DIEU, le besoin de Vous prier, pour Vous demander la force de pouvoir supporter les épreuves qu'il Vous a plu de m'envoyer. Permettez, SEIGNEUR, que la lumière se fasse assez vive dans mon esprit, pour que j'aie le bonheur de pouvoir apprécier toute l'étendue d'un *amour paternel* qui m'afflige, pour éprouver ma soumission et ma résignation, dans le but de m'aider à progresser. Je me soumet avec humilité et reconnaissance, ô mon DIEU; mais, hélas ! la créature est si faible que, si Vous ne me soutenez, je crains de succomber.

Secourez-moi, SEIGNEUR !

16° *Autre, pour demander un secours dans un péril éminent.*

O mon DIEU, secourez-moi ! Si, cependant, je dois

succomber, que votre volonté soit faite, SEIGNEUR.
Si, au contraire, je dois être sauvé, que le reste de mon
existence, ô mon DIEU, serve à réparer le mal que j'ai
pu faire et dont je me répens de tout mon *cœur* et de
toute mon *âme*.

17° *Autre, pour remercier d'avoir échappé à un
danger.*

Je Vous remercie, ô mon DIEU, pour le secours que
Vous m'avez envoyé dans le péril qui m'a menacé. Que
ce danger soit pour moi un avertissement, qu'il m'é-
claire sur les fautes qui ont pu me l'attirer.

Je comprends, SEIGNEUR, que ma vie Vous appartient entièrement et que Vous pouvez me la retirer quand
il Vous plaira. Inspirez-moi, SEIGNEUR, par les bons
Esprits qui m'assistent, la précieuse pensée d'employer
utilement le temps que votre *bonté paternelle* veut bien
m'accorder ici-bas.

Permettez, ô mon DIEU, à mon bon Ange gardien de
me *soutenir* dans la résolution que je prends de réparer
mes torts et de faire tout le bien qui sera en mon pouvoir, afin de pouvoir arriver dans le monde des Esprits
moins chargé d'imperfections, quand il vous plaira de
m'y appeler.

18° *Autre, avant de se coucher.*

O mon DIEU, qu'il me soit accordé, durant mon sommeil de cette nuit, de me trouver en contact avec les
bons Esprits; afin de me fortifier à mon réveil et de me
guider plus sûrement dans la bonne voie, la seule qui

est capable de pouvoir nous faire progresser dans la vie spirituelle.

Si je n'en suis pas indigne, accordez-moi cette consolante et bien heureuse faveur, ô mon DIEU !

19° *Autre, en prévision de sa mort prochaine.*

Mon DIEU, je crois en Vous et en votre bonté infinie; c'est pourquoi je ne puis croire que Vous ayez donné aux incarnés l'intelligence spirituelle et l'aspiration vers l'avenir, pour le plonger ensuite dans le néant.

Que je plains, ô mon DIEU, les malheureux qui ont l'infamie d'émettre une telle opinion qui, de leur part, est vraiment insensée et prouve une ingratitude des plus hideuses et des plus immorales, ne pouvant inspirer que la plus profonde pitié.

Au moment de quitter la vie actuelle pour toujours, ô mon DIEU, de cœur et d'âme, je pardonne à tous ceux qui m'ont fait ou voulu faire du mal sur cette terre ; je n'emporte aucune haine contre eux et désire qu'ils puissent réparer durant leur vie actuelle, toutes les fautes qu'ils ont pu commettre, afin de pouvoir se rendre dignes de votre divine miséricorde, SEIGNEUR ; comme j'en ai moi-même le suprême et unique désir.

Donnez-moi, ô mon DIEU, la force de quitter sans regret les joies grossières de ce monde, qui sont absolument infimes auprès des joies vraiment pures du monde spirituel où je vais entrer en quittant celui-ci et où n'existe plus, pour le juste, de tourments, de souffrances et de misères. Quand au coupable, sans doute, il doit y souffrir encore; mais, comme consolation, il lui reste l'*espérance*.

OBSERVATION. — Nous ferons remarquer ici, que toutes les prières personnelles qui précèdent peuvent, sans aucune difficulté, être transformées en prières dites en commun. L'exemple suivant, extrait des précédentes (le nº 7, par exemple), va en donner la preuve tout-à-fait convaincante.

20º *Prière dite en commun, pour demander à nous corriger de nos défauts personnels.*

Vous nous avez donné, SEIGNEUR, l'intelligence nécessaire pour distinguer ce qui est bien de ce qui est mal; or, du moment que tous, nous reconnaissons qu'une chose est mal, nous sommes coupables de ne pas nous efforcer d'y résister.

Préservez-nous de l'orgueil qui pourrait nous empêcher de nous appercevoir de nos défauts et nous faire accepter les mauvais conseils des Esprits coupables.

Vous nous avez également donné, DIEU infiniment juste, une aptitude égale pour le bien et pour le mal; si

nous suivons la mauvaise voie, c'est par un effet de
notre libre arbitre. Mais par la raison que nous avons
la liberté de faire le mal, nous avons celle de faire le
bien; par conséquent, nous avons donc également celle
de quitter la mauvaise voie pour rentrer dans la bonne;
ce que nous désirons, chacun de nous, de tout notre
cœur et de toute notre âme, afin d'avoir le suprême bonheur, de pouvoir nous rapprocher de Vous, SEIGNEUR.

(Ainsi de suite pour les autres prières).

II.— PRIÈRES POUR AUTRUI.

21° Prières pour ceux qui souffrent (matériellement ou moralement) sur cette terre.

DIEU *Tout-Puissant* qui voyez nos misères, d'aignez écouter favorablement les vœux que je désire Vous adresser en faveur de ceux qui éprouvent des souffrances, soit morales ou matérielles, sur cette terre, quelque soient leurs sentiments à mon égard; car, par amour pour Vous, SEIGNEUR, je pardonne d'avance à tous ceux qui peuvent me vouloir du mal; mais surtout en faveur de tous ceux qui, comme moi, désirent toujours Vous plaire et ne jamais Vous déplaire. Qu'ils aient, ô mon DIEU, le suprême bonheur de pouvoir réparer et expier leur passé, autant que je désire, de cœur et d'âme, pouvoir réparer et expier le mien; afin qu'ils puissent se rendre dignes de votre divine miséricorde et de pouvoir jouir du bonheur que Vous réservez à vos Élus.

Si ma demande, SEIGNEUR, est inconsidérée, je Vous en demande très humblement pardon et Vous supplie très humblement de me la pardonner. Si, au contraire, elle est juste et utile, que les bons Esprits, chargés d'exécuter vos suprêmes volontés, leur viennent en aide, ô mon DIEU, pour l'accomplissement de mon désir le plus cher, après celui d'avoir le suprême bonheur de toujours Vous plaire et ne jamais Vous déplaire.

Vous tous, frères incarnés, qui souffrez sur cette terre, si mon désir n'est pas exaucé, c'est qu'il est dans les desseins de DIEU, notre *bon* PÈRE *céleste* à tous, de nous éprouver : vous, dans vos souffrances; moi, dans mon affliction de vous savoir souffrants. Soumettons-nous sans murmure à sa divine volonté, mettons toute notre confiance et toutes nos espérances en sa divine miséricorde, et disons ensemble avec toute humilité et toute résignation :

Quelques soient les peines et les punitions que votre bonté paternelle nous réserve, SEIGNEUR, que votre justice ait son cours et que votre volonté soit faite !

22° Autre, adressée aux bons Esprits, comme étant les messagers de DIEU.

Esprits bons et bienfaisants, messagers de DIEU, DIEU le permettant, étendez votre douce et salutaire protection sur tous les malheureux; ceux qui, ici-bas, sont en proie à l'indigence, à la maladie; ceux qui sont exposés à des dangers, à des séductions; ceux, enfin, qui s'approchent de leur fin, autrement dit qui sont destinés à quitter prochainement la vie d'ici bas, pour retourner dans le monde des Esprits. A tous, bons et bienveillants Esprits, relevez leur courage abbatu, soutenez leur foi chancelante, ranimez leurs espérances incertaines, calmez leurs inquiétudes, adoucissez leurs peines, aidez-les à surmonter les souffrances qu'ils éprouvent, à n'y voir qu'une cause d'expiation et d'é-

preuve que DIEU, notre bon Père céleste à tous, leur
inflige dans leur propre intérêt, autrement dit pour leur
permettre de réparer et d'expier; inspirez-leur, enfin,
toute confiance et tout espoir en la bonté infinie du SEI-
GNEUR, et toute résignation par amour pour Lui.

23° *Autre, pour demander un soulagement pour
autrui.*

Mon DIEU, dont la bonté est infinie, daignez, si cela
n'est pas contraire à votre justice, améliorer la pénible
position de.......; que les bons Esprits, alors, lui viennent en aide dans ses afflictions.

Si, dans son intérêt, SEIGNEUR, elles ne peuvent lui
être épargnées, permettez aux bons Esprits de lui faire
comprendre qu'elles sont nécessaires à son avancement;
ce qui les lui rendra moins pénibles et lui donnera confiance dans l'avenir.

24° *Autre, pour un bienfait qui lui a été accordé.*

Merci, ô mon DIEU, pour le bienfait qui est arrivé
a..........; qu'il ait le mérite d'y voir un effet de votre
infinie bonté. Si le bien qui lui arrive est une épreuve,
que les bons Esprits, ô mon DIEU, lui inspire la pensée
d'en faire un bon usage et de ne pas en tirer vanité, afin
que ce bien ne tourne pas à son préjudice pour l'avenir.

25° *Autre, en faveur de nos ennemis et de ceux qui
nous veulent du mal.*

Mon DIEU, je pardonne le mal que.........m'a fait
ou voulu me faire, comme je désire que Vous me par-

donniez les torts que je puis avoir commis envers Lui.
Si Vous l'avez placé sur ma route comme une épreuve,
que votre volonté soit faite, ô mon DIEU !

Puise votre bonté infinie, SEIGNEUR, en s'étendant
sur lui, le ramener à de meilleurs sentiments à mon
égard, et lui faire comprendre que le mal qu'il m'a fait
ou veut me faire, ne peut que lui nuire à lui-même, dans
la vie spirituelle qui nous attend tous, après celle-ci.

NOTA.— Même remarque qu'à la page 135 de cet écrit,
concernant les prières dites en commun.

FIN DES PRIÈRES POUR AUTRUI.

III. — PRIÈRES POUR LES DÉCÉDÉS.

———

26° *Prière en faveur de celui qui vient de décéder.*

DIEU Tout-Puissant, que votre divine miséricorde s'étende sur l'âme de....., que Vous venez de rappeler dans le monde des Esprits; que la prière que je Vous adresse en sa faveur, puisse adoucir et abbréger les peines qu'il peut bien endurer comme Esprit, si cela, SEIGNEUR, n'est pas contraire à votre divine justice.

Dans ce cas, vous tous, bons Esprits et vous surtout son bon Ange gardien qui avez été tout spécialement chargé de veiller sur lui sur cette terre, veuillez l'assister pour lui aider à se séparer de la matière de son corps purement matérielle ; donnez-lui la lumière et la conscience de lui-même, afin de le tirer du trouble qui, ordinairement, accompagne le passage de la vie humaine à la vie spirituelle. Inspirez-lui le repentir des fautes qu'il a pu commettre et le désir de les réparer, dans le louable but de hâter sa progression spirituelle, lorsqu'il lui faudra de nouveau se réincarner.

27° *Autre, adressé à un ami décédé nouvellement.*

Oh ! toi, qui fut mon ami sur cette terre que tu viens de quitter pour rentrer dans le monde spirituel, DIEU le permettant, que les bons Esprits et surtout ton bon Ange gardien qui veille spécialement sur toi sur cette

terre, que tous, cher ami, t'entourent et t'aident à te
débarrasser entièrement de ton corps purement matériel ! Comprenant mieux que sur terre, la *grandeur* et la
toute puissance de DIEU, *notre bon* PÈRE *à tous*, soumet-
toi sans murmurer à sa divine justice et met ta confiance toute entière et ton espérance en sa divine miséricorde et son infinie bonté ; qu'un sérieux retour sur ton
passé t'ouvre les portes de l'avenir, en te faisant comprendre les fautes que tu as pu commettre ici-bas et le
travail nouveau qui te reste à faire pour pouvoir les
réparer. Si cela est possible, cher ami, que DIEU te pardonne et que les bons Esprits te soutiennent et t'encou-
ragent...

En priant pour toi, je compte également sur toi et tous
les bons Esprits pour m'aider à supporter les rudes
épreuves de la vie terrestre, et principalement sur mon
bon Ange gardien chargé tout spécialement de veiller sur
moi. Que j'ai le suprême bonheur, bon Ange, d'écouter
favorablement et de suivre vos excellents et fraternels
conseils, ayant pour but de me maintenir dans la bonne
voie.

28° *Autre.*

Daignez, ô mon DIEU, si cela n'est pas contraire à
votre divine justice, accueillir favorablement la prière
que je Vous adresse en faveur de l'Esprit de......, de
vouloir bien permettre aux bons Esprits et surtout son
bon Ange gardien de l'entourer de leur fraternelle protection dans le monde des Esprits et de lui porter, en
même temps, mes paroles et ma pensée.

Toi qui m'étais cher en ce monde, entend ma voix qui t'appelle, pour te donner un nouveau gage de mon affection.

DIEU, a permis que tu fusses délivré le premier; je ne saurais m'en plaindre sans égoïsme ; car ce serait regretter, pour toi, les peines et les souffrances de la vie d'ici-bas. J'attends donc avec résignation le moment de notre réunion, dans le monde plus heureux où tu m'as précédé.

Je sais que notre séparation n'est que momentanée et que, si longue qu'elle puisse me paraître, sa durée s'efface devant l'éternité du bonheur que DIEU promet à ses Élus.

Que son infinie bonté me préserve de rien faire qui puisse retarder cet instant désiré et qu'il m'épargne ainsi la douleur de ne pas te retrouver au sortir de ma captivité terrestre.

Oh ! qu'elle est douce et consolante, la certitude qu'il n'y a entre nous qu'un voile matériel qui te dérobe à ma vue ! que tu peux être là, à mes côtés, me voir et m'entendre comme autrefois et mieux encore qu'autrefois, puisque tu peux lire dans ma pensée; que tu ne m'oublie pas plus que je ne t'oublie moi-même; que nos pensées ne cessent pas de se confondre, et que la tienne me suit et me soutient toujours.

Que la paix du SEIGNEUR soit avec toi !

29° *Autres, adressé aux Esprits souffrants.*

DIEU clément et miséricordieux, que votre infinie bonté, autant que le permet votre suprême justice, s'étende sur tous les malheureux Esprits qui se recommandent aux prières des incarnés et notamment sur l'âme de........

Permettez, ô mon DIEU, aux bons Esprits, dont le bien est l'unique occupation, de les soulager dans leurs souffrances; de faire luire à leurs yeux un rayon d'espérance; d'ouvrir leurs cœurs au repentir et au désir de réparer, pour hâter leur avancement; de leur faire comprendre, enfin, que, par leurs efforts, ils peuvent abréger le temps de leurs épreuves.

Donnez-leur, ô mon DIEU, la volonté et la force de persévérer dans leurs bonnes résolutions.

Puissent ces paroles bienveillantes adoucir leurs peines, en leur montrant qu'il est sur la terre des frères incarnés qui savent y compatir, tout en désirant leur bonheur.

30° *Autre, en faveur d'un ennemi décédé.*

SEIGNEUR, Vous avez rappelé avant moi l'âme de ...., qui fut mon ennemi sur cette terre. Je lui pardonne le mal qu'il m'a fait et ses mauvaises intentions à mon égard; puisse-il en éprouver du regret, maintenant qu'il n'a plus les illusions de notre monde terrestre.

Que votre miséricorde, ô mon DIEU, s'étende sur lui et éloigne de moi la pensée de me réjouir de sa mort. Si j'ai eu des torts envers lui, qu'il me les pardonne, comme j'oublie ceux qu'il a eu envers moi.

31° *Autre, en faveur d'un criminel.*

SEIGNEUR, DIEU de miséricorde, pitié pour le malheureux criminel qui vient de quitter la terre; la justice humaine a cru devoir le frapper, mais cela ne l'affranchit pas de votre absolue justice, si son cœur n'a pas été touché par le remords.

Que le bandeau qui lui a caché la gravité de ses fautes soit levé, ô mon DIEU, et qu'alors son repentir lui fasse trouver grâce, du moins en partie, devant votre suprême justice et puisse alléger les horribles souffrances de son âme! Permettez, SEIGNEUR, que mes prières et celles des autres incarnés qui prient pour lui puissent, avec l'intercession des bons Esprits, lui inspirer le désir de réparer son crime et ses mauvaises actions qui l'ont précédé, dans une nouvelle existence corporelle et lui donner la force de ne pas succomber dans les nouvelles luttes qu'il lui faudra soutenir à cette époque.

Ayez pitié de lui, SEIGNEUR !

32° *Autre, en faveur d'un suicidé.*

Je sais, ô mon DIEU, le sort réservé à ceux qui violent vos Lois en abrégeant volontairement leurs jours; mais je sais aussi que votre miséricorde est infinie; c'est pourquoi, je vous prie, SEIGNEUR, si cela n'est contraire à votre suprême justice, d'avoir pitié de l'esprit de........; de lui accorder quelques soulagements aux horribles souffrances qu'il doit endurer pour n'avoir pas eu le courage d'attendre la fin de ses épreuves et d'accomplir la mission qu'il avait pris (à l'état d'Esprit, avant de s'incarner sur cette terre) l'engagement de remplir en entier; ce qui est la faute la plus grave que

l'on puisse commettre ici-bas, toutes les fois qu'on a
conscience de son action absolument regrettable.

33° *Autre, adressée aux bons Esprits.*

DIEU le permettant, prenez l'âme de......... sous
votre bienveillante protection, bons Esprits dont la mission est d'assister les malheureux, quelque soit la gravité de leurs fautes; inspirez-lui le regret de son énorme
faute, qui est l'une des plus graves qu'il pouvait commettre sur cette terre; que votre assistance toute fraternelle, lorsqu'il lui faudra se réincarner de nouveau,
lui donne la force d'accomplir, avec résignation, les nouvelles épreuves qu'il aura à subir pour la réparer. Écartez de lui les mauvais Esprits qui pourraient de nouveau
le pousser vers le mal et prolonger ses souffrances, en
lui faisant perdre le fruit de ses futures épreuves, lorsqu'il lui faudra se réincarner de nouveau.

Toi, dont le malheur fait l'objet des prières des incarnés, que leur commisération puisse en adoucir l'amer-
tume et faire naître en toi l'espérance d'un avenir meilleur; cet avenir dépend entièrement de ta volonté, à toi
donc d'en profiter, lorsque le moment de réparer exis-
tera pour toi.

34° *autre, pour un Esprit repentant.*

DIEU de miséricorde, qui acceptez le repentir sincère
du pécheur, incarné ou désincarné, pardonnez, je vous
prie, à cet Esprit repentant qui reconnaît ses torts et
désire rentrer dans la bonne voie; qu'il ait le bonheur, ô
mon DIEU, de pouvoir persister dans sa bonne résolu-

tion, pour pouvoir réparer tous ses mauvais actes passés et, par conséquent, se rendre digne de leur remise.

Bons Esprits, dont jadis il a méconnu la voix ; il veut vous écouter désormais ; pour lui faciliter la persistance de son désir, permettez-lui d'entrevoir la félicité des Elus du SEIGNEUR ; soutenez-le dans sa bonne résolution et donnez-lui la force de résister à ses mauvais penchants.

Quant à toi, pauvre Esprit repentant, ton repentir t'a fait faire le premier pas ; maintenant, plus tu avanceras, plus le chemin te paraîtra facile et agréable. Persévère donc, et un jour tu auras la gloire de compter parmi les bons Esprits et, alors, toute souffrance aura cessé pour toi, soit incarné ou désincarné.

35° *autre, pour l'Esprit endurci.*

DIEU *tout puissant*, si ma demande n'est pas contraire à votre divine justice, pitié pour l'âme de . . . . ; Esprit endurci qui m'a donné des preuves d'amitié sur cette terre, dont je désire lui prouver ma reconnaissance, en implorant votre infinie bonté en sa faveur ; que j'aie le bonheur, ô mon DIEU, de lui faire comprendre que si, dans le monde des Esprits, il est malheureux, c'est parce qu'il a mal fait dans sa dernière existence terrestre.

Que les bons Esprits lui viennent en aide, SEIGNEUR, pour lui faire comprendre que si, malheureusement pour lui, il persiste dans le mal dans le monde des Esprits, soit en trompant les incarnés, les tourmentant ou les obsédant, il ne fera que prolonger ses propres souffrances, dont il ne pourra se débarrasser qu'en faisant tout l'opposé.

Pauvre Esprit qui t'est rendu coupable sur cette terre, tu as entendu la prière que je viens d'adresser à DIEU, en ta faveur ; elle doit te prouver que je désire ton vrai bonheur et la fin de tes souffrances, en t'engageant à faire le bien en place du mal, autrement dit en faisant tout l'opposé de ce que tu as, par trop souvent, hélas ! fait dans le passé.

O mon DIEU, faites que mes paroles trouvent accès dans son âme, afin qu'elle l'aide à s'améliorer et progresser ; ce qui doit être son désir le plus grand, afin d'avoir le suprême bonheur de se trouver avec les bons Esprits, où la joie remplace la douleur et les souffrances.

FIN DES PRIÈRES.

NOTA. — Nous ferons remarquer ici, que l'observation que nous avons faite, page 135 de cet écrit, convient également pour toutes les prières comprises dans ce BRÉVIAIRE ou *livre de prières*. L'exemple que nous avons donné à la page sus désignée, peut grandement suffire pour le faire comprendre.

A. B.

COMPLÉMENT

AVIS

Ce *complément*, absolument moral, comprend un très grand nombre de Maximes et de Proverbes qui, positivement, sont un véritable ornement pour la mémoire, et de plus, dans de nombreuses circonstances, peuvent nous poser avantageusement dans la société, en rappelant, sans affectation (car, dans le cas contraire, on passerait pour un pédant, ce qu'il faut éviter avec le plus grand soin), certaines Maximes ou certains Proverbes absolument à l'appui de la chose qui fait le sujet de la conversation.

Mais là n'est pas leur principal mérite, ils en ont un autre qui est infiniment plus important, lequel est celui-ci : c'est de nous avertir de ce que nous devons faire et ne pas faire.

D'après cela, nous devons comprendre que, si notre devoir consiste à demander le pardon de nos fautes, nous devons, avant tout, faire tous nos efforts pour éviter, autant que possible, de nous trouver dans cette malheureuse nécessité. Pour cela, le seul souvenir d'une Maxime ou d'un Proverbe se rapportant à la circonstance, suffira toujours (si nous avons réellement le désir de rester dans la bonne voie) pour nous faire éviter le danger et le malheur de mal faire ; afin de pouvoir progresser spirituellement et, par conséquent, de nous garantir de souffrances futures plus ou moins pénibles...

D'après cela, chers Lecteurs, vous devez tous comprendre qu'un aussi grand avantage suffit grandement pour prouver que ce Complément a entièrement sa raison d'être, dans ce présent *bréviaire* ou livre de prières.

Telle est la vérité que cet AVIS, avait pour but de prouver ; laquelle vérité est réellement des plus importantes pour nous tous, *amis Lecteurs*.

AUGUSTIN BABIN.

FIN DE CET AVIS.

MAXIMES

On appelle *Maxime* toute proposition générale concernant la vertu, la sagesse, les mœurs, la science, toute
Doctrine religieuse, etc. Condillac a dit que toute observation qui tient plus à la pratique est une maxime,
et que toute observation qui tient plus à la théorie est un
principe. Cette distinction est fondée. Les anciens, qui
ne séparaient guère ces deux objets, n'avaient cependant
pas un très grand nombre de maximes. L'usage des
maximes a été plus fréquent et plus général aux époques
où la société s'est trouvée soumise à une discipline
régulière, à des dogmes, à des principes bien déterminés,
à des mœurs et coutumes résultant en grande partie de
ces mœurs ou de ces principes. Il est naturel à l'esprit
humain de systématiser ses idées, ses actes, sa vie ; de
rechercher la simplification, la clarté, la force, l'ordre,
et de concentrer, quand il le peut, dans des formules
brèves et d'autant plus fécondes qu'elles disent plus et
mieux en moins de mots, les résultats de ses diverses
combinaisons et de ses efforts. Une vérité une fois admise, la logique veut qu'on la suive ; elle devient pour
nos actes une sorte de file, un guide, un support, un
flambeau. On peut dire, en toute vérité, que celles qui
se rapportent à la morale sont la sauvegarde de la vertu.

Telles sont les vingt-six admirables maximes suivantes, d'Allan Kardec.

1. Le but essentiel du Spiritisme est l'amélioration des hommes. Il n'y faut chercher que ce qui peut aider au progrès moral et intellectuel.

2. Le vrai Spirite n'est pas celui qui croit aux manifestations, mais celui qui met à profit l'enseignement donné par les Esprits. Rien ne sert de croire, si la croyance ne fait pas faire un pas en avant dans la voie du progrès, et ne rend pas meilleur pour son prochain.

3. L'égoïsme, l'orgueil, la vanité, l'ambition, la cupidité, la haine, l'envie, la jalousie, la médisance, sont pour l'âme des herbes vénéneuses dont il faut chaque jour arracher quelques brins, et qui ont pour contrepoison : la *charité* et l'*humilité*.

4. La croyance au Spiritisme n'est profitable qu'à celui dont on peut dire : « Il vaut mieux aujourd'hui qu'hier. »

5. L'importance que l'homme attache aux biens temporels est en raison inverse de sa foi dans la vie spirituelle ; c'est le doute sur l'avenir qui le porte à chercher ses joies en ce monde en satisfaisant ses passions, fût-ce même aux dépens de son prochain.

6. Les afflictions sur la terre sont les remèdes de l'âme ; elles la sauvent pour l'avenir comme une opération chirurgicale douloureuse sauve la vie d'un malade et lui rend la santé. C'est pourquoi le Christ a dit : « Bienheureux les affligés, car ils seront consolés. »

7. Dans vos afflictions, regardez au-dessous de vous

et non au-dessus ; songez à ceux qui souffrent encore plus que vous.

8. Le désespoir est naturel chez celui qui croit que tout finit avec la vie du corps ; c'est un non-sens chez celui qui a foi en l'avenir.

9. L'homme est souvent l'artisan de son propre malheur ici-bas; qu'il remonte à la source de ses infortunes, et il verra quelles sont pour la plupart le résultat de son imprévoyance, de son orgueil et de son avidité, et par conséquent de son infraction aux Lois de DIEU.

10. La prière est un acte d'adoration : Prier DIEU, c'est penser à Lui ; c'est se rapprocher de Lui ; c'est se mettre en communication avec Lui.

11. Celui qui prie avec ferveur et confiance est plus fort contre les tentations du mal, et DIEU lui envoie de bons Esprits pour l'assister. C'est un secours qui n'est jamais refusé, quand il est demandé avec sincérité.

12. L'essentiel n'est pas de beaucoup prier, mais de bien prier. Certaines personnes croient que tout le mérite est dans la longueur de la prière, tandis qu'elles ferment les yeux sur leurs propres défauts. La prière est pour elles une occupation, un emploi du temps, mais non une étude d'elles-mêmes.

13. Celui qui demande à DIEU le pardon de ses fautes ne l'obtient qu'en changeant de conduite. Les bonnes actions sont la meilleure des prières, car les actes valent mieux que les paroles.

14. La prière est recommandée par tous les bons Esprits ; elle est, en outre, demandée par tous les Esprits imparfaits comme un moyen d'alléger leurs souffrances.

15. La prière ne peut changer les décrets de la PRO-VIDENCE ; mais, en voyant qu'on s'intéresse à eux, les Esprits souffrants se sentent moins délaissés ; ils sont moins malheureux ; elle relève leur courage, excite en eux le désir de s'élever par le repentir et la réparation, et peut les détourner de la pensée du mal. C'est en ce sens qu'elle peut non seulement alléger, mais abréger leurs souffrances.

16. Priez chacun selon vos convictions et le mode que vous croyez le plus convenable, car la forme n'est rien, la pensée est tout ; la sincérité et la pureté d'intention, c'est l'essentiel ; une bonne pensée vaut mieux que de nombreuses paroles, dites à heure fixe, en psalmodiant et par pure habitude. Dans ce dernier cas, l'on n'est qu'un perroquet qui récite sa leçon.

17. DIEU a fait les hommes forts et puissants pour être les soutiens des faibles ; le fort qui opprime le faible est maudit de DIEU ; il en reçoit souvent le châtiment en cette vie, sans préjudice de l'avenir.

18. La fortune est un dépôt dont le possesseur n'est que l'usufruitier, *puisqu'il ne l'emporte pas avec lui dans la tombe ;* il rendra un compte sévère de ce qu'il en aura fait.

19. La fortune est une épreuve plus glissante que la misère, parce qu'elle est une tentation vers l'abus et les excès, et qu'il est plus difficile d'être modéré que d'être résigné.

20. L'ambitieux qui triomphe et le riche qui se repait de jouissances matérielles sont plus à plaindre qu'à envier, car il faut voir le retour. Le Spiritisme, par les

terribles exemples de ceux qui ont vécu et qui viennent
révéler leur sort, montre la vérité de cette parole du
Christ : « Quiconque s'élève sera abaissé, et quiconque
s'abaisse sera élevé. »

21. La charité est la loi suprême du Christ; « Aimez-
vous les uns les autres comme des frères ; — aimez
votre prochain comme vous-même ; — pardonnez à vos
ennemis ; — ne faites pas à autrui ce que vous ne vou-
driez pas qu'on vous fît »; tout cela se résume dans le
mot *charité*.

22. La charité n'est pas seulement dans l'aumône, car
il y a la charité en pensées, en paroles et en actions.
Celui-là est charitable en pensées, qui est indulgent
pour les fautes de son prochain ; charitable en paroles,
qui ne dit rien qui puisse nuire à son prochain ; charitable en actions, qui assiste son prochain dans la mesure
de ses forces.

23. Le pauvre qui partage son morceau de pain avec
un plus pauvre que lui, est plus charitable et a plus de
mérite aux yeux de DIEU, que celui qui donne de son
superflu sans se priver de rien.

24. Quiconque nourrit contre son prochain des sentiments d'animosité, de haine, de jalousie et de rancune,
manque de charité. Il ment s'il se dit Chrétien, et il
offense DIEU.

25. Hommes de toutes castes, de toutes sectes et de
toutes couleurs, vous êtes tous *frères*, car DIEU vous
appelle tous à Lui; tendez-vous donc la main, quelle que
soit votre manière de L'adorer, et ne vous lancez pas

l'anathème, car l'anathème est la violation de la loi de charité proclamée par le Christ.

26. Avec l'égoïsme, les hommes sont en lutte perpétuelle ; avec la charité, ils seront en paix. La charité, faisant la base de leurs institutions, peut donc seule assurer le bonheur en ce monde ; selon les paroles du Christ, elle seule peut aussi assurer leur bonheur futur, car elle renferme implicitement toutes les vertus qui peuvent les conduire à la perfection. Avec la vraie charité, telle que l'a enseignée et pratiquée le Christ, plus d'égoïsme, d'orgueil, de haine, de jalousie, de médisance; plus d'attachement désordonné aux biens de ce monde. C'est pourquoi le *Spiritisme chrétien* a pour maxime : HORS LA CHARITÉ, POINT DE SALUT.

ALLAN KARDEC.

MAXIMES D'ÉPICTÈTE

PHILOSOPHE STOÏCIEN

1. Il ne dépend pas de toi d'être riche, mais il dépend de toi d'être heureux. Les richesses mêmes ne sont pas toujours un bien, et certainement elles sont toujours de peu de durée ; mais le bonheur, qui vient de la sagesse, dure toujours.

2. Il est aussi difficile aux riches d'acquérir la sagesse, qu'aux sages d'acquérir la richesse.

3. Ce n'est pas la pauvreté qui afflige, mais le désir ; de même ce ne sont pas les richesses qui délivrent de toute crainte, mais la raison.

4. L'esclavage du corps, c'est l'ouvrage de la fortune; l'esclavage de l'*âme*, c'est l'ouvrage du vice. Celui qui a la liberté du corps, s'il a l'*âme* liée et garrottée, est esclave, et celui qui a l'*âme* libre a beau être chargé de chaînes, il jouit d'une pleine liberté. Que peut être, en effet, la liberté du corps comparativement à la liberté de l'esprit ? La mort détruit l'un et ne fait qu'augmenter la liberté de l'autre.

5. N'orne point ta maison de tableaux et de belles peintures, mais fais-y éclater partout la sagesse et la tempérance. Les tableaux ne sont qu'une imposture pour

repaître et tromper les yeux, au lieu que la sagesse est un ornement solide, réel et durable.

6. Comme les fanaux qu'on allume dans les ports sont d'un grand secours aux vaisseaux qui ont perdu leur route, de même un homme de bien, dans une ville battue de la tempête, est d'un grand secours à ses Concitoyens.

7. Nous craignons tous la mort du corps, mais la mort de l'âme, qui est-ce qui la craint ?

8. Tout ce qui arrive dans le monde fait l'éloge de la PROVIDENCE. Donne-moi un homme qui soit intelligent ou reconnaissant, il le comprendra.

9. Si la DIVINITÉ avait fait les couleurs et qu'elle n'eût pas fait les yeux capables de les voir et de les distinguer, à quoi auraient-elles servi ? Et si elle avait fait les couleurs et les yeux sans créer la lumière, de quelle utilité auraient été les couleurs et les yeux ? Qui est l'*Auteur* de cette alliance si merveilleuse ? C'est la DIVINITÉ. Il y a donc une PROVIDENCE.

10. La DIVINITÉ t'a donné des armes pour résister à tous les évènements les plus fâcheux. Elle t'a donné la *grandeur d'âme*, la *force*, la *patience*, la *constance*. Sers-t'en donc, ou sinon avoue que tu as mis bas les armes dont elle t'avait fortifié.

11. La grandeur de l'esprit ne se mesure pas par l'étendue ; elle se mesure par la rectitude du jugement.

12. Que fait un homme qui poursuit la femme de son prochain ? Il foule aux pieds la pudeur, la fidélité ; il viole le voisinage, l'amitié, la société, les lois les plus saintes. Il ne peut être regardé comme un ami, ni comme

voisin, ni comme citoyen; il n'est qu'une véritable brute,
bonne tout au plus à satisfaire ses passions purement
animales.

13. *Les femmes sont communes, c'est la loi de la nature,*
disait à Diogène un débauché qui avait été surpris en
adultère. Diogène lui répondit : « Les viandes qu'on
sert à table sont communes d'abord ; mais dès que les
portions sont faites et distribuées, tu aurais perdu toute
pudeur et toute honte, si tu allais prendre la part de
ton voisin sur son assiette. Le théâtre est commun à tous
les Citoyens ; mais sitôt que les places sont prises, tu ne
peux ni ne dois déplacer ton voisin pour te mettre à sa
place. Les femmes sont communes de même ; mais sitôt
que le législateur les a distribuées, et qu'elles ont chacune leur mari, en bonne foi, t'est-il permis de ne pas te
contenter de la tienne et de prendre celle de ton voisin ?
Si tu le fais, tu n'es plus un homme, mais une véritable
brute, et même des plus coupables.

14. Ce n'est pas une chose bien commune de remplir
ce qu'exige la qualité d'homme. C'est un animal mortel,
doué de raison, et c'est par la raison qu'il est séparé des
bêtes. Toutes les fois donc qu'il s'éloigne de la raison,
qu'il agit sans raison, l'homme périt et la bête se
montre.

15. Nous ressemblons à ceux qui ont de grandes provisions, et qui demeurent maigres et décharnés, parce
qu'ils ne s'en nourrissent point. Nous avons de beaux
préceptes, de belles maximes, mais c'est pour en dis-
courir et non pour les pratiquer ; nos actions démentent

nos paroles, et nous en subissons les conséquences, qui toujours sont déplorables.

16. Personne ne peut être méchant et vicieux sans une perte sûre et sans un dommage certain.

17. *Ne faut-il pas que je me venge et que je rende le mal qu'on m'a fait ?* Eh ! mon ami, si un tel s'est blessé lui-même en te faisant injustice, pourquoi veux-tu te blesser aussi toi-même en la lui rendant ?

18. Tu veux plaire à la DIVINITÉ, souviens-toi donc qu'elle ne haït rien tant que l'impureté et l'injustice.

19. Ceux qui soutiennent qu'il n'y a pas de vérité connue, démentent ce principe par une prétendue vérité. Que ce qu'ils disent soit vrai ou faux, il est une vérité connue.

20. Il n'y a que le sage qui soit capable d'amitié. Comment celui qui ne sait pas connaître ce qui est bon ou mauvais pourrait-il aimer ?

21. Tu vois jouer ensemble ces petits chiens, ils se caressent, ils s'accolent, ils se flattent, ils te paraissent bons amis. Jette un petit os au milieu d'eux, et tu verras. Telle est le plus souvent l'amitié sur cette terre.

22. Les sentinelles demandent le mot du guet à tous ceux qui approchent. Fais de même, demande le mot du guet à tout ce qui se présente à ton imagination, et tu ne seras jamais surpris.

23. Les relations ne sont pas indifférentes. Si tu hantes parfois un vicieux, à moins que tu ne sois bien fortifié, il y a plus à craindre qu'il te corrompra qu'il y a espérer que tu te corrigeras. Puisqu'il y a donc tant de danger dans le commerce des ignorants, il ne

faut en user qu'avec beaucoup de sagesse et de prudence.

24. La DIVINITÉ a créé tous les hommes afin qu'ils soient heureux ; ils ne sont malheureux que par leur faute. En veux-tu la preuve ? C'est parce que le bonheur et le désir ne peuvent se trouver ensemble

25. Mon devoir pendant que je suis en vie, c'est de remercier la DIVINITÉ de tout, de La louer de tout, et de ne cesser de La remercier ici-bas qu'en cessant de vivre.

26. Chasse tes désirs, tes craintes, et il n'y aura plus de tyran pour toi.

27. Si tu es vicieux, que les reproches et les railleries de tes amis ne t'empêchent pas de changer de vie. Aimes-tu mieux rester vicieux et leur déplaire, que de leur plaire en devenant vertueux.

28. Le principal n'est pas d'écrire ou de lire de belles maximes, mais de les suivre.

29. Tu cesses pour un moment d'avoir de l'attention sur toi-même, et tu te flattes que tu la reprendras quand il te plaira. Tu te trompes. Une légère faute négligée aujourd'hui te précipitera demain dans une plus grande, et cette négligence répétée formera enfin une habitude que tu ne pourras plus corriger.

30. Quand tu dis que tu te corrigeras demain, sache que c'est dire qu'aujourd'hui tu veux être *imprudent, débauché, lâche, emporté, envieux, injuste, intéressé, perfide.* Vois combien de maux tu te permets. — *Mais demain je serai un autre* homme. — Pourquoi pas plutôt aujourd'hui ? Commence aujourd'hui à te préparer pour demain, autrement tu remettras encore.

11

31. L'homme vicieux a honte d'avoir un corps difforme, et ne rougit pas d'avoir une *âme* avilie.

32. Avant d'entreprendre une action quelconque, regardons bien ce qui la précède et la conséquence probable qui peut en résulter. Sans quoi, primitivement, elle pourra nous plaire ; mais, par suite, elle pourra nous nuire et nous couvrir de confusion.

33. Garde-toi bien de jouer le rôle de plaisant, c'est un méchant caractère et un pas glissant qui te fera tomber insensiblement dans les manières basses et méprisables, et feront perdre aux autres le respect et la considération qu'ils ont pour toi.

34. Un médecin vient voir un malade, il lui dit : « Vous avez la fièvre, abstenez-vous pour aujourd'hui de toute nourriture, et ne buvez que de l'eau. » Le malade le croit, le remercie et le paye. — Un philosophe dit à un ignorant : « Vos désirs sont déréglés et vos opinions sont fausses. » Il s'en va tout en colère et dit qu'on l'a maltraité. D'où vient cette différence? C'est que le malade sent son mal et que l'ignorant ne sent pas le sien.

FIN DES MAXIMES.

PROVERBES

Le *proverbe* n'est pas autre chose qu'une *maxime* exprimée en peu de mots et devenue commune et vulgaire. On dit communément que les proverbes sont la *sagesse des Nations ;* mais que de préjugés circulent et se perpétuent sous le couvert des proverbes ! Aussi ne doit-on les accepter que sous la réserve de la conscience individuelle. Ceux, au nombre de *cent trente-cinq*, dont nous allons faire mention ici, dans l'unique but d'être utile et agréable à nos bien-aimés Lecteurs, seront probablement tous agréés par eux, du moins nous en avons l'espoir.

---

135 PROVERBES DIVERS

1. — A qui sait attendre, tout arrive à point.

2. — Dis-moi qui tu hantes, et je te dirai qui tu es.

3. — Qui trop embrasse, mal étreint.

4. — La prudence est le flambeau qui doit nous conduire au travers des ténèbres de la vie.

5. — Il faut se méfier davantage d'un ennemi caché, que de celui qui est à découvert.

6. — Les plaintes sont les armes de la faiblesse.

7.— Pardonner au méchant, c'est lui prouver qu'on vaut mieux que lui.

8. — Aimer la vertu ne suffit pas ; il faut savoir la pratiquer.

9.— Avec de la patience et de la persévérance on vient à bout des choses les plus difficiles

10.— Donne des coups à ton chien, il ne te quittera pas ; cesse un instant de faire du bien à ton semblable, il t'abandonnera.

11. — La grandeur d'âme ne consiste pas à se venger, mais à pardonner.

12.— Ne mène pas trop grand train dans la carrière de la vie, si tu veux arriver au but sans accident.

13. — Le pauvre satisfait de son sort est plus heureux que le potentat ambitieux.

14. — La vie est un sommeil dont la mort est le réveil.

15.— Il vaut mieux s'exposer à l'ingratitude que de refuser à l'indigence.

16.-- Garde-toi de quitter un vieil ami pour une nouvelle connaissance.

17.— Le vrai sage est celui qui se rend maître de ses passions.

18.— Sois sobre : un corps trop gras maigrit l'âme.

19.— Le travail est le plus sûr gardien de la vertu des femmes : l'oisiveté est la mère de tous les vices.

20.— La lumière réjouit l'homme *honnête* et trouble le *scélérat*.

21.-- Sois sévère pour toi et indulgent pour les autres, et tu seras l'ami de tout le monde.

22.— Montrer le bon exemple à ses enfants : c'est la

meilleure manière de leur apprendre la pratique de la vertu et *vice-versâ*.

23. Ne passons pas notre vie à n'amasser que de l'or, car nous n'emporterons pas une obole de ce monde.

24. — Il faut imprimer le cachet sur la cire pendant qu'elle est chaude, et redresser l'arbre quand il est jeune.

25. — Pour le sage, il y a deux faims qui ne s'assouvissent jamais : celle de la science et celle des bienfaits.

26. — Souvent la joie d'un moment nous cause des années de tristesses.

27. — L'amour *immodéré* du monde et des richesses, est la source de tous les crimes.

28. — L'imagination est une vaste plaine où l'on risque de s'égarer, si l'on n'est conduit par la raison.

29. — Ne donnons qu'à ceux qui ont besoin, et ne renvoyons jamais l'indigent les mains vides.

30. — L'homme instruit qui ne sait pas profiter de son savoir, ressemble à l'aveugle qui porte un flambeau : il éclaire les autres, sans pouvoir s'éclairer lui-même.

31. — Ce ne sont ni les richesses, ni les honneurs qui font les grands hommes ; ce sont leurs actions.

32. — Celui qui prend plaisir à entendre médire, devient médisant lui-même.

33. — Si tes ennemis sont divisés, sois tranquille : s'ils sont liés d'amitié, sois sur tes gardes.

34. — Le père qui néglige l'éducation de ses enfants est comme le laboureur qui néglige son champ.

35. — Écouter les plaintes des malheureux, est le devoir de la sagesse.

36.— Rire sans sujet, est preuve de peu de sens et de mauvaise éducation.

37.— Ne méprisons jamais un bon conseil, de quelque part qu'il nous vienne.

38.— La science est un trésor qui ne se perd jamais ; les plaisirs s'usent et sont de courte durée.

39.— Chercher à convaincre celui qui ne veut pas croire, c'est perdre son temps.

40.— Tendons la main à celui qui chancelle, et la PROVIDENCE nous soutiendra.

41.— Mieux vaut souffrir de la part d'autrui que de le faire souffrir.

42.— Qui veut cueillir des roses doit s'attendre à être blessé par leurs épines.

43.— Le mensonge passe, mais la vérité est éternelle.

44.— La parole est la marque de l'esprit de l'homme; ses actions celle de son cœur.

45.— Les bienfaits ne sont jamais perdus : c'est une graine tardive qui, tôt ou tard, produit un fruit plein de douceur.

46. Il vaut mieux être l'esclave des hommes que de ses passions.

47. L'éloquence la plus pernicieuse est celle qui tend à corrompre les mœurs.

48.— Trop souvent, hélas ! la piété est le masque dont se couvre le vice.

49.— Se vaincre soi-même est la victoire la plus difficile.

50.— Plus ton ennemi sera souple et rampant, plus il faut te méfier de lui.

51.— La raillerie est une arme dangereuse, qui nous attire beaucoup d'ennemis.

52.— Mieux vaut orner son esprit que son corps.

53.— La plus grande des lâchetés est de ne pas faire le bien, quand on le peut.

54.— Celui qui n'aime pas à faire d'excuse ne doit offenser personne.

55.— L'homme le plus heureux est celui qui fait le plus de bien par amour pour DIEU.

56.— La paresse a pour compagnons l'ennui, la pauvreté et le vice.

57.— La science est la richesse du pauvre et l'ornement du riche.

58.— Fais tes provisions l'été pour vivre l'hiver, tu éviteras l'indigence.

59.— Le sage fait le bien sans s'en glorifier; l'hypocrite s'en glorifie et ne le fait pas.

60.— L'ami *sincère*, malgré son indigence, peut quelquefois nous rendre de grands services.

61.— Éloigne toi de tes ennemis sans les irriter.

62.— L'aumône qu'on fait à l'indigence est une pluie douce sur une terre altérée.

63.— L'homme de mérite recherche continuellement la sagesse; le sot croit seul l'avoir rencontrée.

64.— Jouissons, mais sagement, des plaisirs de la vie, car DIEU ne nous a pas placés dans un parterre couvert de fleurs pour nous en interdire l'usage.

65.— Il y a des gens qui pensent sans parler et beaucoup d'autres qui parlent sans penser: les premiers s'instruisent et les autres disent des sottises.

66.— La bienfaisance est la première des vertus sociales.

67.— L'espérance est le soutien des malheureux.

68.— Méfions-nous des habitudes, car elles deviennent bientôt une seconde nature.

69.— Celui qui rit à tout propos, s'expose à faire rire à ses dépens.

70.— Ne te fie pas plus aux caresses de ton ennemi qu'aux louanges d'un flatteur.

71.— Celui qui tend un piège à l'innocent n'inspire que la *pitié*, tellement son acte est *méprisable*.

72.— Faire la charité en cachette est digne d'éloge ; mais celle faite ouvertement ne l'est pas moins, car très souvent elle produit davantage.

73.— Le savant qui ne propage pas ses connaissances est semblable à un flambeau qui éclaire une maison vide ; c'est un Être inutile.

74 — Le repentir va de pair avec l'étourderie et la satisfaction avec la prudence.

75.— Le *bien-être* est d'avoir le nécessaire et non le superflu ; tandis que le *bonheur* exige l'un et l'autre pour pouvoir soulager l'indigence.

76.— Le bien et le mal ne peuvent pas plus s'associer que l'eau et le feu.

77.— Un homme sans argent est comme un oiseau sans ailes ou un navire sans voiles.

78.— Le riche vraiment estimable est celui dont les actes de bienfaisance sont en rapport avec sa fortune.

79.— Le véritable repentir a toujours droit au pardon,

et malheureux et bien à plaindre serait celui qui lui re-
fuserait.

80. — Dans un discours, c'est se rendre ridicule que
d'exprimer de petites pensées avec de grands mots.

81. — L'art est plus difficile que la critique, la pratique que la théorie.

82. — L'ignorant tient d'autant plus à ses supersti-
tions que l'on fait plus d'efforts pour l'en arracher.

83. Celui à qui l'on donne, écrit sa reconnaissance
sur le sable; celui à qui l'on ôte, inscrit sa haine sur
l'airain.

84. — L'ambition est comme l'espace, elle n'a pas de
bornes.

85. — Les ambitieux trouvent la disette dans l'abon-
dance, rien ne peut les rassacier.

86. — Le meilleur remède contre l'affliction, est la résignation.

87 — La mauvaise conduite est un précipice escarpé,
dont on ne peut sortir quand on y est tombé.

88. — La marque certaine d'une méchante cause, c'est
de dire des sottises à sa partie adverse.

89. — Les nouvelles sont comme les rivières : plus
elles viennent de loin, plus elles grossissent.

90. — Le jour où l'on n'apprend rien ou qui est vide
de bonnes actions, est un jour à rayer du livre de la vie.

91. Le flatteur est méprisé de tout le monde, même de
ceux qu'il flatte.

92. — Interrompre celui qui parle est malhonnête et
prouve une mauvaise éducation.

93. — Manger, boire, dormir et se divertir est la vie

de l'animal; penser, travailler et s'instruire est la vie de l'homme.

94. — Très souvent, vaut mieux écouter que parler ; car écouter c'est acquérir, parler c'est dépenser.

95. — Le peuple est un enfant qui oublie facilement, dans les divertissements publics, les maux dont on l'accable.

96. — Ne reprenons jamais personne en public, quand nous pouvons le faire en particulier.

97. — Ne remettons jamais au lendemain, ce que nous pouvons faire le jour même.

98. — Heureux celui qui corrige ses défauts, en voyant ceux d'autrui.

99. — Celui qui critique l'homme juste et bienfaisant, donne mauvaise opinion de lui-même.

100. — Deux sortes de personnes ne peuvent jamais se contenter, le savant dans l'étude et l'avare dans les richesses.

101. — Mieux vaut la pauvreté que les richesses mal acquises.

102. — La pauvreté est bien fâcheuse, mais la mauvaise conduite est encore pire.

103. — Souffrir que le méchant fasse mal, quand on peut l'empêcher, c'est participer à sa mauvaise action.

104. — Ne nous chargeons jamais des secrets des autres, car il est déjà assez difficile de garder les nôtres.

105. — La sagesse consiste à ne pas désirer plus que l'on a, et à ne pas donner d'espérances, si on ne peut pas les réaliser.

106.— Tous les hommes ont leurs défauts ; le plus estimable est celui qui en a le moins.

107.— Le flatteur et le courtisan sont comme le chien, qui vous lèche les pieds pour recevoir une caresse ou, mieux encore, un os à ronger.

108.— Avant de parler, pensons à ce que nous voulons dire.

109.— Si nos ennemis sont dans la souffrance, ayons pitié d'eux, et rendons-leur le bien pour le mal.

110.— Nous devons toujours interpréter favorablement la conduite de nos amis, jusqu'à ce que nous ayons des preuves certaines qu'ils nous trahissent.

111.— S'élever devant les hommes, c'est vouloir qu'ils nous abaissent ; se rabaisser devant eux, c'est obtenir qu'ils nous élèvent.

112.— Il suffit qu'une chose nous soit défendue, pour que nos désirs soient surexcités.

113.— Refuser un bienfait offert par l'amitié ou par la charité bienveillante, est une véritable ingratitude.

114.— Soulager la misère est beaucoup ; mais la prévenir est encore mieux.

115.— Demander à DIEU le pardon de nos fautes est notre devoir le plus absolu ; seulement, mieux vaudrait ne les avoir pas commises.

116.— Implorer le secours de DIEU, est absolument obligatoire pour tous, incarnés et désincarnés, pour pouvoir rester dans la bonne voie.

117.— Celui qui ne prie pas, n'a, sur cette terre, que la triste existence de la brute.

118.— La charité bienveillante (soit morale ou matérielle) faite pour être agréable à DIEU, est la plus importante des prières.

119. — La prière est la nourriture de l'âme, comme la chair est la nourriture du corps.

120. — Le seul soutien de l'âme dans l'affliction, c'est la prière.

121. — Celui qui prie, fortifie son âme.

122. — Celui qui ne prie pas, renonce à la progression spirituelle de son âme.

123. — La prière, *seule*, console dans le malheur.

124. — La prière peut *seule* nous rapprocher de DIEU, à la condition expresse d'être sincère.

125. — Pour que la prière soit efficace, il faut qu'elle soit sincère.

126. — La prière de l'hypocrite est non seulement sans valeur, mais encore coupable ; car le malheureux se flatte, généralement, de pouvoir tromper DIEU.

127. — Refuser de prier, c'est renoncer à toute espèce de consolation et se préparer des remords cuisants dans la vie spirituelle.

128. — La prière en commun est la plus agréable à DIEU, quand elle a l'immense mérite d'*unir les âmes*.

129. — Prier pour autrui, c'est prier pour soi-même.

130. — La prière n'a pas d'époque déterminée, elle est de tous les instants, dès que notre âme éprouve le besoin de prier.

131. — Celui qui, à certaines époques, prie par habitude, n'est qu'un perroquet qui récite sa leçon.

132. — L'incarné qui ne prie jamais, se met au-des-

sous de certains animaux qui, dans leurs grandes souffrances, lèvent leur regard vers le ciel.

133.— L'athéisme est la négation de la prière et rend
l'homme plus brute que la brute elle-même.

134. L'athéisme est pour le spirituel, ce que les im-
mondices sont pour le matériel.

135.— L'homme athée est le véritable *paria* de toute
société civilisée.

FIN DE CET ÉCRIT.

ERRATA.

Page 6, *ligne* 19 : grands et petits séminaires ; *lisez :* grands séminaires.

Page 7, *ligne* 19 : son ; *lisez :* notre.

Page 45, n° 12, *ligne* 5 : une seule existence ; *lisez :* une existence.

Page 61, *ligne* 7 : les décrets dès que ; *lisez :* les actes. Dès que.

Page 76, *ligne* 8 du Nota : suivant du ; *lisez :* suivant, extrait du.

Page 90, *ligne* 17 : 206 ; *lisez :* 203.

Page 92, *ligne* 16 : entre leur deux ; *lisez :* entre le Soleil et leur deux.

Page 94, *ligne* 9 : en effet ; *lisez :* enfin.

Page 148, *à la suite du* Nota, *ajouter :* Nous ferons remarquer ici, que tout ce qui est contenu dans ce BRÉVIAIRE a été extrait de notre *Guide du Bonheur* et de notre *Catéchisme universel*, et, primitivement des œuvres d'ALLAN KARDEC, à qui (nous le reconnaissons avec toute humilité) nous sommes redevable de la majeure partie de nos écrits.

TABLE DES MATIÈRES

———◆◆◆———

FIN DE LA TABLE DES MATIÈRES.

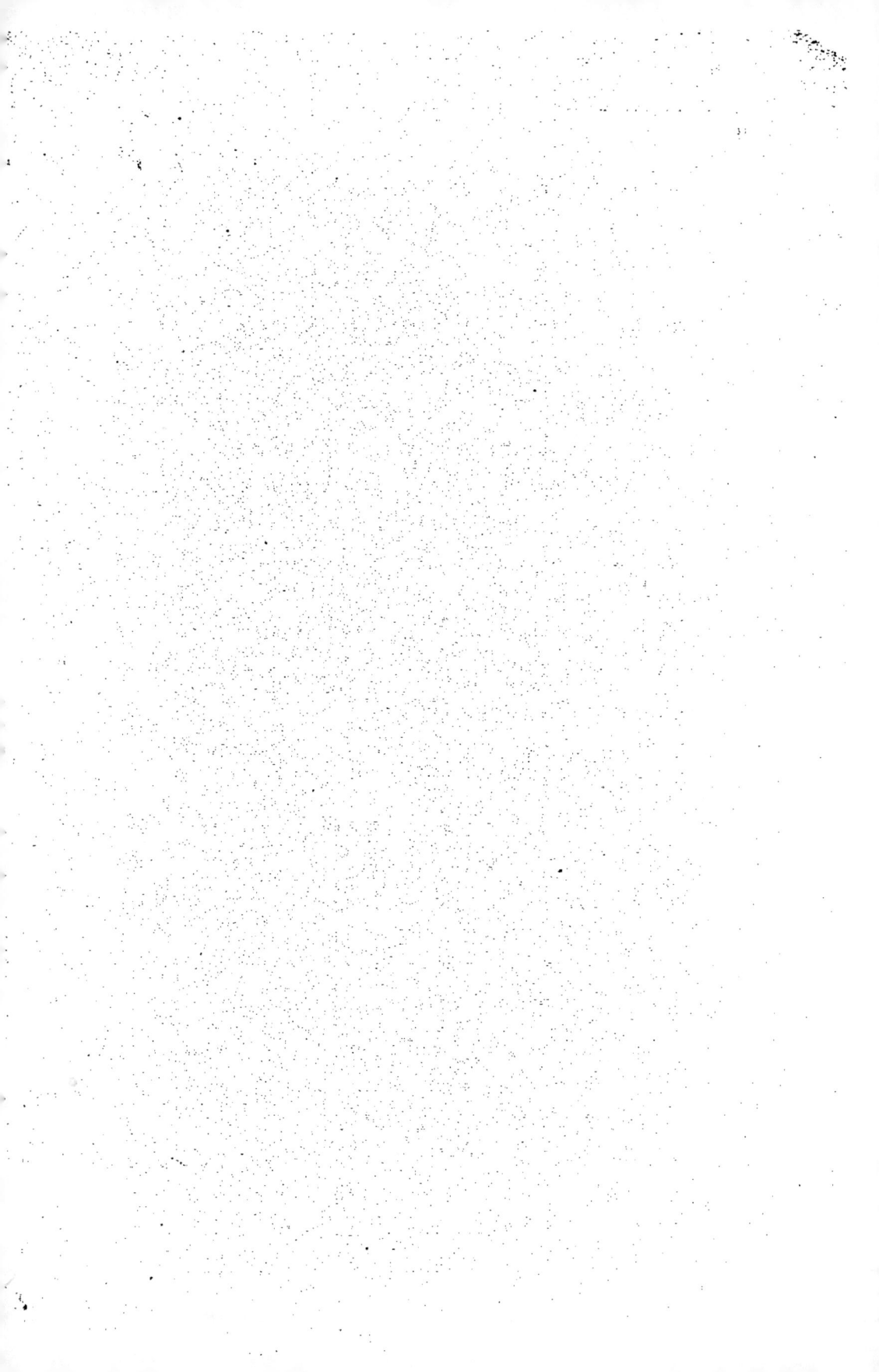

AVIS DE L'AUTEUR.

De ce présent écrit, dit RÉGÉNÉRATEUR
DE NOTRE HUMANITÉ, _si vous prenez, Lecteurs_
Vraiment connaissance, vous pourrez y trouver
Le seul et vrai bonheur qu'il nous faut désirer :
Celui qui nous apprend à nous rendre meilleurs,
Afin de devenir des Esprits supérieurs,
Qui n'ont plus à souffrir, dans leur incarnation
Les peines qu'ici-bas, nous tous, nous éprouvons.
En effet, le bon sens et la pure raison
Doivent nous inspirer cette exacte opinion :
C'est que l'humanité est une École humaine
Qui permet à chacun de changer de domaine;
Laissant un monde humain plus ou moins inférieur,
Il va dans un autre d'un degré supérieur (1).
Cette progression là (c'est à peu près certain),
Lui permet d'habiter tous les mondes humains
Qui se trouvent compris dans notre firmament,
Et se trouvent avoir des degrés différents.

A. B.

_____

(1) Ce changement, pour nous tous, ne peut se produire
(quand nous l'avons mérité) qu'après avoir passé, à l'état
d'Esprit, un temps plus ou moins long dans le monde des
Esprits.

www.ingramcontent.com/pod-product-compliance
Lightning Source LLC
Chambersburg PA
CBHW072041090426
42733CB00032B/2050